D0820756

El
CHEF
MEDICINAL 2

Recetas saludables para cada día

DALE PINNOCK

Fotografías de Martin Poole

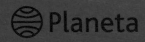 Planeta

CLAVES PARA
IDENTIFICAR PADECIMIENTOS

(P) Piel

(A) Articulaciones y huesos

(R) Sistema respiratorio

(I) Sistema inmunitario

(M) Sistema metabólico

(N) Salud mental y sistema nervioso

(C) Corazón y circulación

(D) Sistema digestivo

(U) Sistema reproductivo y urinario

EL DELEITE DE UNA BUENA COMIDA

No se me ocurre un mayor placer en la vida que la buena comida. Es una de mis razones de ser. Desde que era muy pequeño disfruto comer bien: ¡fui el niño de cinco años más experimental que pueda imaginarse cuando se trataba de cualquier asunto culinario! Me encantaban toda clase de sabores. Así que para mí, la buena comida, sabrosa y alegre es imprescindible, y algo que nunca podré sacrificar. Sin embargo, en mi adolescencia, debido a mis propias preocupaciones de salud (sufría de acné) comencé a interesarme por la ciencia de la nutrición y el papel fundamental que podía jugar en mi salud en el transcurso de mi vida. Pronto me di cuenta de que lo que comía hacía un mundo de diferencia. Después de muchos años de estudios de licenciatura y posgrado, trato de enseñarle a la mayor cantidad posible de gente cómo la comida puede ser una herramienta terapéutica muy poderosa, que te cambia la vida radicalmente. La comida puede ser medicinal.

LA FARMACIA EN NUESTRA COMIDA

Los alimentos que comemos nos afectan en todos los niveles. Sus componentes tienen un impacto directo sobre el terreno bioquímico de nuestro cuerpo. Afectan cada célula, tejido y función fisiológica imaginable. Con esto en mente sería bastante apropiado ver la comida como una medicina en potencia. Yo la entiendo como el único aspecto de los cuidados de nuestra salud sobre el cual podemos tener control directo; es una manera estupenda de involucrarnos activamente con nuestro bienestar. Soy un auténtico, total y declarado defensor del papel de la dieta en los cuidados de la salud. No me interesa que funcione como una alternativa a algo, y ni entiendo la dieta como una especie de alternativa a la medicina convencional (aunque en cuestiones como la obesidad y la diabetes tipo 2 temprana, la veo como el recurso más útil). Creo que la comida es una parte poderosa y válida del panorama de cuidados de la salud, algo que podemos utilizar de forma segura y placentera, sin importar el tipo de tratamiento que estemos recibiendo. A lo largo de los últimos años, he establecido valiosas relaciones profesionales con docenas de médicos generales, especialistas y académicos, y mi método tiene el maravilloso apoyo de gente que trabaja en todos los aspectos de los cuidados de la salud. Lo que trato de hacer es tomar la ciencia de la nutrición y la dietética y colocarla en un marco práctico: las artes culinarias. En vez de bombardearle con datos científicos y técnicos, solo le muestro qué comer y por qué, sin importar cuáles sean sus problemas de salud.

MI FILOSOFÍA DE COMER SALUDABLE

Debo admitir que me desconcierta un poco que por alguna razón mucha gente cree que comer saludable es latoso y aburrido, y que significa abandonar todo lo que uno ama en aras del alimento para conejos, *smoothies* e interminables toneles de humus. Si ese fuera el caso, ¡me habría dado por vencido hace años y estaría de vuelta en el puesto de comida rápida en lo que usted tarda en decir «hamburguesa grasosa»! Sin embargo, nada puede estar más lejos de la verdad. No hay razón para que una comida buena, saludable y apetitosa que beneficie su salud, no sepa deliciosa. La comida sana puede ser apetecible, placentera y exquisita al mismo tiempo que mejora su salud. Así que ese es mi enfoque de las cosas, se trata de comida real en el mundo real: crear platillos que anhelo comer. Creo que esa es la clave para permanecer saludable y mantenerme así; tener ganas de esas comidas y disfrutar cada bocado. También me gusta reinventar mis favoritos. Adoro los curries, pizza, kebabs: todo eso me gusta, pero no quiero comer las abominaciones dañinas que a menudo uno encuentra cuando se prepara ese tipo de platillos. Con un poco de creatividad culinaria es posible saborear sus comidas favoritas, y esto puede ser bueno para usted.

ACERCA DEL LIBRO

El chef medicinal 2 no es lo que podría parecer a primera vista. No es una colección de maravillas rápidas y sencillas preparadas en una sola cazuela, aunque algunas de las recetas sí caben en esa categoría. Más bien ofrece soluciones para las múltiples situaciones en las que a la gente se le dificulta escoger cosas sanas. Muchas personas con quienes he trabajado a través de los años, han tenido las mejores intenciones y han hecho su mejor esfuerzo por comer bien, pero como la vida moderna es como es, algunas situaciones —ya sean laborales o sociales— pueden echarlo a perder. Este libro está diseñado para darle ideas y superar algunos de estos obstáculos. Las recetas son sugerencias prácticas en vez de reglas absolutas; están diseñadas para ofrecerle inspiración sobre cómo acercarse a algunos de los problemas que surgen. Para algunas personas es complicado encontrar un buen almuerzo en el trabajo; para otras, el desayuno puede ser un desafío, con urgencias de trabajo e hijos que atender. ¿Le gusta organizar cenas con amigos y además quiere que sean sanas? Pues también aquí hay soluciones. Solo es una forma de llevar buena comida al mundo real. No se trata de regímenes dietéticos complicados que puedan exigirle un chef personal o el presupuesto de Bill Gates. Le enseñaré cómo preparar comida sencilla, asequible, deliciosa y muy saludable de manera que pueda incorporarla fácilmente en su vida, sin importar cuál sea su situación.

Este libro realmente gira en torno a la comida. La ciencia y los datos técnicos están ahí, pero la verdadera estrella del espectáculo son las recetas, organizadas de acuerdo a la hora del día y el tipo de comida que quiera comer. Si le encantó *El chef medicinal* aquí encontrará 80 flamantes e inspiradoras recetas que cubren una gama aún más amplia de ingredientes y circunstancias, ¡incluso para picar, cocteles y banquetes a medianoche! Los símbolos al principio de cada página hacen referencia a los sistemas del cuerpo y facilitan detectar en qué afecciones y sistemas biológicos puede ayudarle cada receta. La sección «Ingrediente Estrella», se enfoca en cómo algunos ingredientes clave beneficiarán su salud, y «Combinaciones Ingeniosas» explican cómo puede combinarse un ingrediente o más en un solo platillo para hacer más poderoso su efecto. Para mayores explicaciones sobre los nutrientes en nuestra comida y cómo funcionan, consulte la sección «La farmacia en nuestra comida». Todas las recetas son buenas para muchos de los sistemas del cuerpo, pero en la página 176 encontrará una lista de referencia rápida por sistema biológico, y así podrá elegir el área que más le interese.

La colección de recetas es muy amplia, aquí hay algo para todos sin importar sus gustos; desde ensaladas y *wraps* ligeros de inspiración asiática, hasta comida casera y deliciosos postres. Las recetas son muy fáciles de adaptar y muchas de estas son útiles para vegetarianos, veganos y carnívoros. Casi todas son económicas y utilizan ingredientes cotidianos. Están los ocasionales ingredientes especializados que vale la pena conseguir, pero no son esenciales y pueden fácilmente reemplazarse por otros. Sólo adáptelos a sus preferencias o necesidades dietéticas y listo. ¡Adelante, póngase creativo, diviértase y coseche los beneficios de una mejor salud!

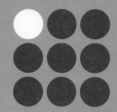

Para comenzar el día

Sí, ya nos lo han dicho un millón de veces, pero el desayuno de verdad es la comida más importante del día. Hay evidencia de que desayunar sano ayudará a controlar su peso, sostener niveles de energía a lo largo del día, mejorar la sensibilidad a la insulina, estabilizar los ánimos... y la lista sigue. No obstante, es una de las comidas que suele resultar un talón de Aquiles para mucha gente. Muchos tenemos inmensas presiones de tiempo; patrones laborales inusuales, compromisos familiares, llevar a los niños a la escuela, reuniones muy temprano, logística de viajes: es como si hubiera una fila de obstáculos, uno tras otro. Así, es posible que nos sintamos obligados a optar por lo rápido y conveniente, que a menudo significa cereales de caja o una rebanada de pan tostado. Tristemente, la mayoría de los «alimentos» para desayunar que están disponibles comercialmente son abominaciones repletas de azúcar y desprovistas de nutrientes, acompañadas de mercadotecnia que busca hacernos creer que son los desayunos más nutritivos y saludables del planeta. A decir verdad, la mayoría de estos no harán nada positivo por su salud, y seguramente causarán estragos a su cintura.

¿Entonces cuáles son las opciones? Un desayuno sano no tiene que ser un asunto laborioso, ni tampoco tiene que ser seco y correoso como alimento para conejos. Es fácil preparar un desayuno sencillo que ponga su metabolismo al 100, logre que sus niveles de azúcar en sangre sean uniformes y le haga salir de casa con paso alegre, estómago lleno y energía para toda la mañana. Puede comer un sencillo desayuno de huevo, un smoothie de café (¡yupi!) o, para los amantes del cereal, uno delicioso hecho por usted a granel por solo unos cuantos pesos. Todas las pequeñas joyas que presentamos a continuación son rápidas, fáciles, satisfactorias... y le harán mucho bien.

Atrevido chocomoca de chile

¡Si lo puede decir al revés le daré un premio! Este fabuloso *smoothie* matutino arrasará con las telarañas mañaneras con la sutileza del napalm. Además incluye su café matutino. ¡Pruébelo! El café probablemente no es lo primero que esperaría ver en este libro, pero su mala reputación es injusta; de hecho, hay muchas investigaciones que apoyan sus beneficios para la salud, solo evite el azúcar y la crema.

1 PORCIÓN
1 plátano maduro
250 ml de leche de avena
  (o leche normal)
1 cucharada abundante
  de polvo de cacao crudo
  (o polvo de cacao común
  de alta calidad)
1 cucharadita de miel o jarabe
  de agave
1 *shot* de espresso, fresco
¼ cucharadita de pimienta
  de cayena, o al gusto
½ chile rojo, picado (opcional)

Licue todos los ingredientes hasta obtener un *smoothie* espeso y exquisito. Sirva de inmediato con hielo y un poco de chile picado encima, si lo desea.

INGREDIENTE ESTRELLA: El cacao está repleto de un grupo de compuestos llamados flavonoides, que se ha comprobado dilatan los vasos sanguíneos. Esto lo hacen al estimular la secreción de una sustancia llamada óxido nítrico, el cual relaja las paredes musculares de los vasos. Estudios universitarios recientes comprobaron que los flavonoides del cacao pueden potenciar las funciones cognitivas al mejorar el flujo de la sangre al cerebro. También podrían proporcionar una reducción leve y temporal en la presión sanguínea.

Avena de rosa, cardamomo y pistache

Un remedio lujoso, estupendo para el factor de aburrimiento en el desayuno. Es tan rápido de preparar como la avena normal, pero tiene una combinación de sabores que le transportará hasta el cielo.

1 PORCIÓN

4 vainas de cardamomo
70 g de hojuelas de avena
200 ml de leche de coco
1 cucharadita de agua de rosas o 4 gotas de aceite esencial comestible de rosas
2 cucharadas de pistaches triturados
miel o jarabe de agave, para servir (opcional)
pétalos de rosa cristalizados, para decorar (opcional)

Machaque las semillas de cardamomo con la parte trasera de una cuchara y coloque en un cazo con la avena y la leche de coco. Deje hervir a fuego lento alrededor de 8 minutos, removiendo, hasta que esté bien cocida la avena. También puede agregar un poco de agua en este punto si prefiere una consistencia más líquida. Agregue el agua de rosas o aceite esencial, removiendo, y mezcle bien. Sirva en un plato y esparza los pistaches triturados encima, rocíe con miel o jarabe de agave y pétalos de rosa cristalizados si va a utilizarlos, por aquello de darle ese lujoso toque.

INGREDIENTE ESTRELLA: La avena es increíble para reducir el colesterol de forma natural, pues está repleta de una fibra soluble llamada beta glucano que se enlaza con el colesterol y lo elimina del cuerpo por medio del intestino. La avena también proporciona energía prolongada y está repleta de vitaminas del complejo B.

Paquete de proteínas de salmón ahumado y poro

Parece un placer culposo, pero es muy rico en nutrientes. Es un desayuno simple y poderoso que le mantendrá satisfecho por horas: los huevos son pura proteína y los poros un gran prebiótico que ayuda a aumentar las bacterias buenas.

1 PORCIÓN

1 poro pequeño
aceite de oliva, para freír
3 huevos
1 rebanada grande de salmón ahumado
sal marina de grano y pimienta negra

Rebane el poro en rodajas delgadas. Caliente un poco de aceite de oliva en un sartén grande, agregue el poro y cocine de 4 a 5 minutos hasta suavizarlo.

Mientras tanto, quiebre los huevos en un recipiente y bátalos bien. Sazone con sal y pimienta. Agregue los huevos a los poros y remueva suavemente, manteniendo la mezcla en movimiento para hacer una hermosa revoltura repleta de poros.

Coloque la rebanada de salmón ahumado en el centro de su plato y apile encima los poros revueltos.

INGREDIENTE ESTRELLA: Aquí todo tiene que ver con el pescado graso; el salmón está repleto de ácidos grasos omega 3, a menudo tan deficientes en nuestra dieta moderna. Las investigaciones indican que el omega 3 ayuda a mejorar los niveles de colesterol, reducir inflamación y mejorar el ánimo.

Frittata de betabel y caballa ahumada

Puede sonar completamente desquiciado, pero de verdad es maravilloso y perfecto si quiere probar algo nuevo para el almuerzo. Se me ocurrió una mañana cuando tenía unas cuantas sobras observándome en el refri, y desde entonces es uno de mis favoritos.

1 PORCIÓN

1 betabel cocido listo para usarse

1 filete de caballa (macarela) ahumado

aceite de oliva, para cocinar

3 huevos

1 cucharadita de salvia picada (seca o fresca)

sal de grano y pimienta negra

Precaliente la parrilla del horno en alto. Corte el betabel en cubos y desmenuce el filete de caballa en varios trozos. Caliente un poco de aceite de oliva en un pequeño refractario o sartén para horno, agregue el betabel y la caballa y cocine de 2 a 3 minutos.

Bata los huevos y salpimiente. Viértalos en el sartén, distribúyalos y cúbralos con el huevo. Esparza la salvia y cocine a fuego medio durante 4 minutos, hasta que la parte de abajo esté lista.

Coloque el sartén bajo la parrilla del horno y cocine durante 4 minutos, hasta que los huevos queden firmes. Sirva calientita.

COMBINACIÓN INGENIOSA: Un verdadero propulsor para la salud del corazón: el betabel aumenta la producción de óxido nítrico en los vasos sanguíneos, lo que relaja sus paredes y reduce la presión arterial temporalmente. La caballa es rica en omega 3, lo cual mejora los índices de colesterol bueno y malo.

Huevos royal De todos, este es mi desayuno favorito. La salsa tiene mucha mantequilla, pero no tengo ningún problema con que uno coma un poco de lo que le gusta. Eso le mantendrá cuerdo y lo hará sentir bien. Es más una cuestión de la frecuencia con que se come y de cómo es el resto de su dieta y estilo de vida. ¡Es un gustito que me encanta!

1 PORCIÓN
1 chorrito de vinagre
3 huevos
75 g de mantequilla
¼ limón amarillo, jugo
1 *english muffin* integral
4 rebanadas de salmón ahumado
sal de grano y pimienta negra

INGREDIENTE ESTRELLA:
Los huevos son el desayuno perfecto, pues son una gran fuente de proteína, minerales, colina, luteína, entre otros beneficios. Por mucho tiempo se consideraron enemigos, pero ahora sabemos que son los héroes de nuestra dieta.

Ponga una cazuela pequeña con agua al hervor, reduzca el fuego para que el agua esté apenas burbujeando, agregue el vinagre. Quiebre dos de los huevos, uno a la vez, en una taza, después deslícelos suavemente en el agua. Escalfe por 4 minutos.

Prepare la salsa holandesa. Derrita la mantequilla en un cazo. Coloque 1 yema de huevo y el jugo de limón amarillo en la licuadora. Cuando se derrita la mantequilla, licue el huevo y jugo de limón a velocidad lenta. Agregue la mantequilla derretida, una cucharada a la vez; a medida que empiece a mezclarse vierta lentamente la mantequilla restante. Aumente la velocidad y licue hasta espesar. Sazone con sal y pimienta.

Mientras tanto, rebane el *english muffin* en dos y tueste ambas mitades. Coloque 2 rebanadas de salmón en cada mitad y un huevo escalfado encima de cada una, después bañe todo con la espléndida salsa holandesa.

Granola poderosa
Está bien, la granola no lo es todo, pero a mucha gente le gusta tomar un cereal matutino, y si prepara la suya utilizando buenos ingredientes no tiene por qué ser mala. Los ingredientes de abajo son para preparar una porción abundante. Cómala con leche, yogur o con lo que se le antoje.

PARA PREPARAR 1.1 KG
500 g de hojuelas de avena
150 g de pasitas
150 g de moras *goji*
150 g de mezcla de semillas, como semillas de calabaza y de girasol
150 g de mezcla de nueces picadas, como nuez de Castilla y nuez de Brasil

Mezcle todos los ingredientes y guarde en un contenedor hermético, donde se conservará alrededor de 2 meses.

COMBINACIÓN INGENIOSA: Una de las dificultades de muchos cereales para desayunar es que son como bombas de azúcar y pueden hacer que los niveles de azúcar en sangre se salgan de control. La combinación de proteína de buena calidad con carbohidratos complejos le ayudará a estabilizar el azúcar en sangre y la avena, semillas y nueces proporcionan justamente eso.

Mezcla de matcha

El matcha (té verde japonés en polvo) puede ser caro, pero se está volviendo muy popular en las tiendas naturistas hoy en día y muchos me han pedido consejos interesantes para utilizarlo; además, sus beneficios para la salud son asombrosos y su sabor, divino. Así que aquí está una de mis maneras favoritas de todos los tiempos para prepararse, la cual me trae buenos recuerdos de un verano en Japón.

1 PORCIÓN

250 ml de leche de avena
   (o leche normal)
1 plátano maduro
3 cucharaditas de polvo
   matcha
2 cucharaditas de miel líquida
5 cubos de hielo

Coloque todos los ingredientes en una licuadora y licue hasta obtener un espeso *smoothie*. Sirva de inmediato, con más hielo si así lo desea.

INGREDIENTE ESTRELLA: Tiene que ser el matcha, ¿no cree? El té verde contiene compuestos fitoquímicos muy poderosos, de los cuales el más estudiado es el galato de epigalocatequina, o EGCG por sus siglas en inglés. Tiene actividad antioxidante muy alta, y su consumo regular ha demostrado beneficios para el colesterol alto y protección contra la aterosclerosis (engrosamiento de las arterias). También tiene actividad antiinflamatoria.

El monstruo del desayuno

En los últimos años las bebidas verdes se han vuelto un alimento esencial para la vida sana, y con toda razón. Solo tienen una desventaja: a menudo saben como el contenido de la bolsa de una podadora. Pero estoy bastante seguro de que esta receta hará que a cualquiera le guste el mundo de los *smoothies* verdes. ¡Le reto a que lo pruebe!

1 PORCIÓN
1 puñado de col rizada (*kale*)
200 ml de jugo de manzana
1 plátano maduro
2 puñados de espinaca *baby*

Quite los tallos gruesos de la col rizada, dejando solo las hojas tiernas.

Agréguelos a la licuadora, junto con los otros ingredientes, y licue a la velocidad más alta hasta incorporar. Sirva con hielo si así lo desea.

COMBINACIÓN INGENIOSA: Seamos realistas, si licua muchas cosas verdes juntas no importa qué tan bueno sea para usted, ¡de todos modos sabrá como agua de col para tomar! Al agregar las frutas dulces, dominan estos sabores, dejando atrás el yerboso sabor de las hojas verdes y sabe como *smoothie* de fruta.

Corazón púrpura Un *smoothie* súper sencillo, lleno de sabor y con un puñado de poderosos nutrientes. Estupendo para ayudarle a empezar el día.

1 PORCIÓN
100 g de zarzamoras
    congeladas
1 plátano maduro
100 ml de jugo de uva morada

Agregue todos los ingredientes a la licuadora y licue para obtener un *smoothie* espeso. Sirva de inmediato, con hielo, si así lo desea.

INGREDIENTE ESTRELLA: Las zarzamoras son ejemplo estupendo del poder de los frutos morados. El color intenso viene de un grupo potente de fitoquímicos, incluidas las tan estudiadas antocianinas; se ha encontrado que estas penetran las células de los vasos sanguíneos, donde pueden tener efectos como estimular la liberación del óxido nítrico, el cual causa la relajación de las paredes de los vasos sanguíneos y disminuye la presión dentro de estos.

El burro de pantano Este nombre tan raro viene del extraño color fangoso de esta bebida, pero no se desanime por el color, de verdad es una receta poderosísima y sabe bastante bien.

1 PORCIÓN
100 ml de jugo de manzana
4 cucharadas de zarzamoras congeladas, y unas cuantas más para decorar (opcional)
2 manojos de espinaca *baby*
1 plátano maduro

Coloque todos los ingredientes en una licuadora y licue hasta obtener un *smoothie* espeso, aunque de color espantoso. Sirva de inmediato, con hielo y unas cuantas zarzamoras más si lo desea.

INGREDIENTE ESTRELLA: La espinaca está saturada de vitamina C y flavonoides, que tienen beneficios para el sistema cardiovascular, la piel, ojos e incluso la salud reproductiva.

La pera perfecta No todos los *smoothies* tienen que ser de moras: las peras son un clásico ingrediente inglés y además tienen fabulosos beneficios para la salud. Esta es ultra refrescante y puede dejarle satisfecho por unas cuantas horas.

1 PORCIÓN
2 peras maduras
1 plátano maduro
100 ml de jugo de manzana

Corte las peras en cuartos y métalas en una licuadora con el plátano y el jugo de manzana. Licue hasta obtener un *smoothie* espeso. Sirva de inmediato, con hielo si así desea.

INGREDIENTE ESTRELLA: Las peras no parecerán muy emocionantes, pero en realidad tienen algo fabuloso que beneficia la salud: pueden formar, en potencia, parte del arsenal necesario para el manejo del azúcar en sangre. Son fuente rica de varios compuestos, incluida la isorhamnetina y los flavan-3-ols, que pueden ayudar con la sensibilidad a la insulina. Además, su alto contenido en fibra desacelera la liberación de energía de la comida, creando un efecto de alimentación gota a gota en el azúcar en sangre. La fibra también puede ayudar a enlazar el colesterol en el tracto digestivo y eliminarlo por medio de los intestinos antes de que se absorba.

Para llevar

Algo que puede llegar a ser un obstáculo en la dieta de muchas personas cuando corren de un lado a otro, es comer algo que esté a la mano, sabroso y fácil de llevar. Eso no significa necesariamente desayunar o almorzar en el camino; aquí lo que tengo en mente son tentempiés o bocadillos para satisfacer un antojo y ayudarle en esos momentos en que podría ceder a la tentación de agarrar una galleta o una bolsa de papitas.

Ya sea que esté por salir volando de casa para recoger a los niños o que vaya corriendo a una junta y quiera algo entre comidas que le active rápidamente, estos son ideales.

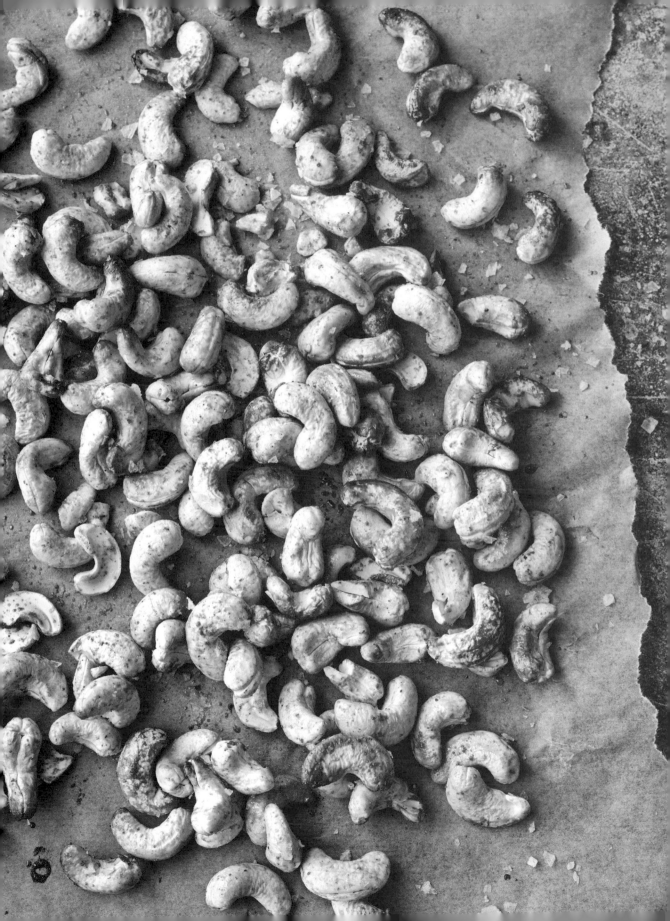

Las nueces son un pequeño tentempié para tener a la mano: sabrosas, abundantes en proteínas, sustanciosas y virtuosas. Las *chips* de col rizada tienen el éxito asegurado y son estupendas para evitar que agarre la bolsa de papitas.

BUENO PARA:
Salud de la piel, mejora la función de los glóbulos blancos

BUENO PARA:
Hipertensión y colesterol alto, flora intestinal sana y estreñimiento, función muscular

Nueces de la India al curry

PARA PREPARAR 200 G
200 g de nueces de la India crudas
1 cucharadita de miel líquida
½ cucharadita de polvo de curry
sal marina de grano

Precaliente el horno a 170°C y forre una charola para hornear con papel encerado. Coloque las nueces de la India en un recipiente y rocíe la miel encima. Mezcle bien hasta que queden bien cubiertas.

Espolvoree el polvo de curry y vuelva a mezclar bien para asegurarse de que las nueces de la India estén cubiertas del curry. Sazone con sal de grano.

Coloque en la charola preparada, extendiéndolas, y hornee de 10 a 12 minutos, hasta que empiecen a dorarse. Vigílelas muy de cerca, pues pueden quemarse fácilmente. Retire y deje enfriar. Guarde en un contenedor hermético.

INGREDIENTE ESTRELLA: Mucha gente se preocupa por la grasa de las nueces, pero contienen de las grasas buenas que necesitamos cada día, ¡así que relájese! Las nueces de la India son muy ricas en calcio y zinc, vitales para apoyar la función inmune y tener una piel saludable.

Chips de col rizada con especias asiáticas

2 PORCIONES
200 g de col rizada (*kale*) cruda
aceite de oliva, para rociar
1 diente de ajo, picado fino
1 chile rojo pequeño, picado fino
1 cucharadita de miel líquida
2 cucharaditas de salsa de soya
1 cucharada de crema de cacahuate crujiente
¼ de cucharadita de polvo de cinco especias
sal de grano

Precaliente el horno a 180°C. Retire los tallos de *kale* y deposite las hojas en un recipiente. Rocíe con aceite de oliva y sazone con sal. Masajee para que las hojas se ablanden.

Mezcle el resto de los ingredientes con 2 cucharaditas de agua para formar una salsa. Cubra las hojas de *kale* con la salsa.

Hornee en una charola de 15 a 20 minutos hasta que estén crujientes. Retire y enfríe.

INGREDIENTE ESTRELLA: La col rizada está repleta de magnesio, un importante nutriente para reducir la tensión arterial, pues anima la relajación de las paredes de los vasos sanguíneos.

Chips de manzana a la canela y pimienta negra

Podrá sonar un poco raro, pero créame, la combinación de sabores de verdad funciona y produce un bocadillo estupendo y muy sustancioso, que se puede almacenar por mucho tiempo y es ideal para mantener a raya la sensación de hambre.

2 PORCIONES
2 manzanas
1 cucharadita de canela
pimienta negra

Precaliente el horno a 110°C, forre una charola para hornear con papel encerado.

Rebane el extremo superior e inferior de las manzanas, córtelas en rodajas, quitando el corazón al mismo tiempo. Ponga las rodajas en un recipiente y espolvoree la canela y una pizca de pimienta negra, mezclando continuamente para que todas queden cubiertas.

Coloque las rodajas sobre la charola y hornee hasta por 2 horas para que queden crujientes. Los hornos varían, así que revise regularmente para ver cuándo obtienen la consistencia deseada. Retire y deje enfriar en una rejilla de alambre, después guarde en un contenedor hermético.

INGREDIENTE ESTRELLA: Las manzanas son magníficas para el colesterol alto porque contienen una fibra soluble llamada pectina; la cual, como el beta glucano de la avena, puede enlazarse al colesterol en el tracto digestivo y eliminarlo a través de los intestinos.

Grandes bolas de fuego Estos sabrosos bocadillos le dan toneladas de nutrientes en un pequeño mordisco: están repletos de vitaminas B, ácidos grasos esenciales, minerales y todo tipo de bondades adicionales. Además estimulan los sentidos.

PARA PREPARAR 16
200 g de dátiles sin hueso
50 g de moras *goji*
250 g de mezcla de nueces
   crudas
2 cucharaditas de cacao
   en polvo
¼ cucharadita de chile
   en polvo

Coloque todos los ingredientes en un procesador de alimentos y licue a la velocidad más alta para generar una consistencia uniforme, parecida a una masa. Forme pequeñas bolitas de 2 a 3 cm de diámetro y refrigere de 1 a 2 horas. Guarde en el refrigerador en un contenedor hermético.

COMBINACIÓN INGENIOSA: He aquí un gran platillo para mejorar la circulación, gracias al doble golpe de cacao y chile. El cacao contiene un grupo de compuestos llamados flavonoides; estos son absorbidos por las células que revisten el interior (endotelio) de los vasos sanguíneos. Cuando estas células absorben los flavonoides del cacao comienzan a secretar óxido nítrico, que relaja las paredes de los vasos. Esto ayuda a mejorar la circulación y también a reducir temporalmente la presión sanguínea. El chile contiene un compuesto llamado capsaicina que tiene un efecto similar, y también alienta la liberación de óxido nítrico por las células endoteliales.

Barras de avena y choconuez

Son perfectas cuando está desesperado por comer algo dulce, intenso y chocolatoso; son más saludables de lo que se imagina. El chocolate oscuro, consumido con moderación, puede hacerle mucho bien. Esto no pretende ser otra cosa que un premio, ¡solo que es un premio bien dado!

6 A 8 PORCIONES

130 g de mantequilla sin sal
100 g de aceite de coco
80 g de stevia (véase página 145)
1 cucharadita de extracto de vainilla
700 g de hojuelas de avena
250 g de chocolate amargo (70-80% sólidos de cacao)
120 g de crema de cacahuate natural crujiente (sin azúcar ni aceite agregado)

Derrita la mantequilla y el aceite de coco en un sartén a fuego lento. Agregue la stevia, extracto de vainilla y avena. Mezcle bien. Presione la mitad de la mezcla con firmeza en una charola para hornear rectangular de 23 cm.

Parta el chocolate en cuadros y póngalo en una cazuela con la crema de cacahuate a fuego muy bajo. Derrítalo poco a poco, mezclando para combinarse. Vierta esta mezcla sobre la primera capa de avena en la charola y distribúyala de manera uniforme con un cuchillo o espátula.

Cubra con la mezcla sobrante de avena, presione hacia abajo y enfríe en el refrigerador toda la noche antes de cortarla en barras.

COMBINACIÓN INGENIOSA: La avena contiene una fibra soluble llamada beta glucano que forma una textura gelatinosa en el tracto digestivo, enlaza el colesterol y lo elimina del cuerpo a través de los intestinos. El chocolate puede tener un efecto temporal de reducción de la presión arterial, lo que lo convierte en una gran combinación saludable para el corazón.

Bocadillos de dátil y *tahini*

Preparar un tentempié saludable no tiene por qué ser laborioso. Estos son rápidos de hacer, fáciles y nutritivos. La opción perfecta cuando tenga un antojo de algo dulce.

2 PORCIONES
10 dátiles sin hueso
2 cucharadas de *tahini*

Corte una pequeña rebanada de cada extremo de los dátiles para aplanarlos, después córtelos por la mitad a lo largo.

Coloque una pequeña cucharada de *tahini* sobre cada mitad para preparar un tentempié dulce, cremoso y del tamaño de un bocado.

INGREDIENTE ESTRELLA: El *tahini* o pasta de semillas de ajonjolí es muy rico en varios minerales importantes, en especial calcio y zinc. No siempre es necesario ingerir leche y productos lácteos para obtener suficiente calcio. El zinc es vital para muchos aspectos de la salud, en especial para un sistema inmunitario sano y piel saludable, sin mencionar cómo ayuda al cuerpo a producir sus propias enzimas de mantenimiento.

Fudge de ajonjolí y chocolate Un bocado estupendo, ideal para cuando solo quiere pasar por el refri, agarrar algo riquísimo y salir corriendo. De verdad tiene un sensacional sabor chocolatoso.

PARA PREPARAR 18

120 g de semillas de ajonjolí
    blanco
60 g de polvo de cacao
3 cucharadas de miel de maple
1 cucharada de aceite de coco,
    y un poco más para engrasar

Tueste ligeramente las semillas de ajonjolí en un sartén hasta que queden doradas; retire y deje enfriar. Colóquelas en un procesador de alimentos pequeño a toda velocidad hasta triturarlas y empiecen a tener una consistencia de masa. Esto puede tomar unos minutos, pero no se detenga. Agregue el resto de los ingredientes y procese hasta combinarlos.

Con aceite de coco engrase ligeramente una charola cuadrada de 20 cm para hornear y agregue la mezcla de ajonjolí y cacao, presionando para llenar la charola, asegurándose de que esté bien comprimida. Meta en el refrigerador y enfríe de 5 a 6 horas hasta que esté firme. Corte en cuadrados de 2 cm. Guarde en el refrigerador.

INGREDIENTE ESTRELLA: Las semillas de ajonjolí son abundantes en zinc, selenio, calcio e incluso hierro. También contienen beta-sitosterol, el cual ha demostrado tener cualidades para reducir el colesterol.

Barras de avena con dátil y té verde

El té verde o matcha parece estar por todos lados hoy en día. No es barato, pero es estupendo utilizarlo de vez en cuando; por supuesto, no puede incluirse siempre. Sus propiedades antioxidantes lo hacen increíble para inyectar energía a media tarde, o incluso como refrigerio antes de ejercitarse. Básicamente, estas barras son como una galleta de avena cruda.

PARA PREPARAR 18

2 cucharadas de aceite de coco
2 cucharadas de moras *goji*
120 g de dátiles sin hueso
1 cucharada colmada de polvo
de té verde matcha
300 g de hojuelas de avena

A fuego lento derrita el aceite de coco en un sartén. Vierta el aceite, las moras *goji* y los dátiles en la licuadora y procese hasta obtener un puré.

Agregue el matcha y la avena y mezcle bien.

Hornee en una charola cuadrada de 25 cm, presionando hacia abajo con el dorso de una cuchara. Refrigere y una vez que estén firmes corte en barras.

INGREDIENTE ESTRELLA: El té verde es un ingrediente poderosísimo de verdad: se han documentado sus niveles altísimos de antioxidantes polifenoles, inclusive se piensa que ayuda a propiciar la quema de grasa en algunas situaciones, al alentar al cuerpo a usar las grasas como energía en vez de almacenarlas. Está lleno de magnesio, vitaminas y una multitud de bondades fitoquímicas.

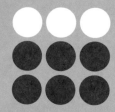

La lonchera

La gente me dice a menudo que sus buenas intenciones de comer saludable se van a pique a la hora del almuerzo cuando están en el trabajo, gracias a la combinación vertiginosa de las crecientes presiones laborales, la falta de tiempo para comprar o preparar algo decente y la ausencia de opciones en la zona. Depender de máquinas expendedoras, del éxodo en masa al restaurante más cercano o de la comida para llevar, de repente puede crear patrones de alimentación muy poco sanos. Recuerdo lo fácil que era caer en esta trampa cuando también yo estaba atado a la oficina.

Lo bueno es que no tiene que ser así. Si en serio quiere volverse más sano y comer mejor, hay almuerzos fantásticos solo a un paso. Con un poco de organización puede preparar platillos explosivos que saben bien, ofrecen variedad y, aún más importante, le ofrecen una amplia gama de nutrientes. La clave es planear con anticipación y preparar su propio almuerzo. De esa manera puede controlar lo que entra a su comida y, por lo tanto, en su cuerpo. No tiene que ser complicado, si se toma solo un poquito de tiempo en la mañana o la noche anterior, de verdad beneficiará su salud.

Ensalada enjoyada de quínoa Una tonelada de sabores y texturas interesantes. Hay muchos supermercados que venden los granitos de granada por separado, y ya no es la fruta carísima que solía ser. Puede duplicar o triplicar las cantidades con facilidad y preparar lo suficiente para que dure unos cuantos días más.

1 PORCIÓN

50 g de quínoa

2 cucharadas de aceitunas mixtas picadas

½ pimiento amarillo o naranja, picado o cortado en juliana

75 g de queso feta, desmoronado

1 cucharada de alcaparras

2 cucharadas de granos de granada

2 cucharadas de aceite de oliva

1 cucharadita de vinagre balsámico

sal marina de grano y pimienta negra

Coloque la quínoa en una olla y cubra con agua hirviendo. Hierva de 10 a 15 minutos, hasta que apenas esté tierna y traslúcida. Cuele y deje enfriar.

Arme la ensalada mezclando la quínoa cocida con las aceitunas, pimientos, queso feta, alcaparras y granada, y mezcle bien. Bata el aceite de oliva y vinagre para hacer el aderezo. Agregue el aderezo, sazone con sal y pimienta y mezcle bien otra vez. Guarde en el refrigerador hasta que sea momento de comer.

INGREDIENTE ESTRELLA: La quínoa es una fantástica alternativa al almidón de los granos y le da ese gusto parecido al del cuscús, sin liberar demasiada azúcar de un solo golpe, ya que eso podría llevarle a buscar los temidos estimulantes energéticos a media tarde. Es muy alta en proteína y descarga su energía de manera muy lenta. También es muy rica en ácido alfa lipoico (ALA, por sus siglas en inglés), selenio, zinc y vitaminas B.

Sensacional ensalada salsa Platillo súper fácil de hacer, sabroso y realmente sustancioso. No implica cocinar, solo hay que picar un poco, mezclar y ¡listo!, un almuerzo nutritivo. Así que no hay pretextos.

1 PORCIÓN

4 jitomates saladet maduros
½ pimiento rojo sin semillas, picado en cubitos
¼ de cebolla morada, picada fino
1 manojo pequeño de cilantro fresco, troceado
1 cucharadita de vinagre de manzana
1 lata de 400 g de frijoles mixtos, escurridos
sal marina de grano y pimienta negra

Pique los jitomates, reservando el jugo que suelten. En un recipiente mezcle los jitomates y su jugo con los pimientos, cebolla, cilantro y vinagre; sazone con sal y pimienta para preparar una estimulante salsa.

Combine la salsa con los frijoles mixtos para preparar una agradable y sustanciosa ensalada.

INGREDIENTE ESTRELLA: Es maravilloso agregar frijoles y legumbres a su dieta por muchas razones: en primer lugar, ayudan a eliminar el colesterol del tracto gastrointestinal y agregan fibra a los contenidos del intestino para una mejor eliminación. En segundo lugar, son una fuente fantástica de proteína magra. En tercer lugar, son ricos en vitaminas B y minerales.

Ensalada de raíces asadas y arúgula con aderezo de miel y mostaza

Estupenda para llevar al trabajo el lunes por la mañana si le sobraron verduras de su comida dominical. Las raíces dulces son ricas combinadas con la picante arúgula.

1 PORCIÓN

1 chirivía pequeña

1 zanahoria

½ camote (batata)

1 cucharada de aceite de oliva, y un poco más para rociar

2 cucharaditas de miel líquida

1 puñado grande de arúgula fresca

1 cucharada de mostaza a la antigua

1 puñado pequeño de nueces

25 g de queso azul

sal marina de grano y pimienta negra

INGREDIENTE ESTRELLA:
La dulzura de los tubérculos proviene de los oligosacáridos, que funcionan como un combustible para las bacterias buenas en nuestro intestino, estimulando su crecimiento y reproducción. Las bacterias regulan la digestión, desde procesar nutrientes y descomponer la comida, hasta las funciones inmunológicas.

Precaliente el horno a 200°C. Corte la chirivía, zanahoria y camote a lo largo en bastones delgados. Colóquelos en una bandeja para asar, rocíe con aceite de oliva, sazone con sal y pimienta y ase por 30 minutos, o hasta que queden suaves y comiencen a dorarse en los bordes.

Prepare un aderezo mezclando la miel, mostaza y aceite de oliva, y sazone con sal y pimienta.

Retire las verduras y déjelas enfriar; mézclelas con las hojas de arúgula y condimente con el aderezo. Esparza las nueces y el queso azul desmoronado encima, si lo va a utilizar, y sírvala.

Si va a llevarla en una lonchera, guarde las verduras, nueces y queso hasta abajo del recipiente y agregue una capa de hojas de arúgula encima. Lleve el aderezo por separado y mezcle justo antes de comer.

Ensalada supersónica de fideos soba

He tenido la fortuna de pasar mucho tiempo en Japón, donde me enamoré de los fideos soba fríos. Ya se pueden encontrar en cualquier supermercado y están listos en cuestión de minutos.

1 PORCIÓN

100 g de fideos soba secos

1 diente de ajo, picado fino

1 cucharadita de miel líquida

2 cucharaditas de salsa de soya

3 cucharaditas de aceite de ajonjolí

1 cucharada de aceite de oliva

6 jitomates *cherry*, cortados a la mitad

¼ de pepino, rebanado en tiras

½ zanahoria, rallada

¼ de cebolla morada, rebanada fino

1 cucharadita de semillas de ajonjolí tostadas

1 ramita de cilantro fresco (opcional)

Lleve una olla con agua salada al hervor, agregue los fideos soba y hierva durante 10 minutos, o hasta que estén suaves.

Para preparar el aderezo, combine el ajo, miel, salsa de soya, aceite de ajonjolí y aceite de oliva.

Cuele bien los fideos y colóquelos en un recipiente junto con los jitomates, pepino, zanahoria y cebolla, revuelva bien. Rocíe el aderezo sobre los fideos y mezcle bien para combinar. Espolvoree con semillas de ajonjolí y hojas de cilantro, si lo desea. Se puede aderezar con anticipación y llevar en la lonchera.

INGREDIENTE ESTRELLA: Los fideos soba están hechos de alforfón o trigo sarraceno, una gran fuente del fitoquímico llamado rutina, el cual ayuda a fortalecer las paredes de los vasos sanguíneos contra algunos daños que podrían llevar a una ateroma (obstrucción de los vasos sanguíneos).

Increíble ensalada de isoflavonas

Estupenda para esos días en que hay que ingeniarse un almuerzo a cien kilómetros por hora, pero necesita una comida de verdad. Tiene mucho sabor y textura.

1 PORCIÓN

1 lata de 400 g de garbanzos, escurridos
1 manojo de perejil fresco, picado
1 manojo de eneldo fresco, picado
¼ de pepino, cortado en cubos
7 a 8 jitomates *cherry*, cortados en cuartos
2 cebollitas picadas
4 cucharadas de jugo de naranja
1 cucharada de aceite de oliva
1 cucharadita de vinagre balsámico
sal marina de grano y pimienta negra

Coloque los garbanzos en un tazón con las hierbas picadas, pepino, jitomates y cebollitas, y mezcle bien.

Bata el jugo de naranja, aceite de oliva y vinagre balsámico para hacer un aderezo exquisito. Vierta sobre la ensalada, salpimiente y sirva de inmediato, o empaque en un recipiente hermético y guarde en el refrigerador hasta que esté listo para comer.

INGREDIENTE ESTRELLA: Los garbanzos son una gran fuente de isoflavonas, compuestos que se consideran benéficos en asuntos como el síndrome premenstrual y algunos síntomas de la menopausia, ya que podrían cubrir problemas de deficiencia de estrógeno, aunque todavía no hay un consenso al respecto. También parecen ayudar con el control del apetito y la salud cardiovascular.

Cofre de bulgur y betaína

El trigo bulgur tiene un saborcito a nuez, es sustancioso y va bien con distintos sabores. Aquí utilicé tofu marinado, pero también puede agregársele pollo, pescado o mariscos ya cocinados, o mezclarlos para variarle un poco. El bulgur es otro ingrediente estupendo para estabilizar el azúcar en sangre.

1 PORCIÓN

75 g de trigo bulgur

¼ de pepino, cortado en dados

¼ de cebolla morada, cortada en dados

8 a 10 chícharos chinos precocidos

1 puñado de espinaca *baby*, troceada fino

½ chile rojo, sin semillas y picado fino

100 g de frijoles *adzuki* en lata, escurridos

100 g de tofu marinado, en daditos

1 cucharada de aceite de oliva

2 cucharaditas de salsa de soya

2 cucharaditas de aceite de ajonjolí tostado

½ limón, el jugo

sal marina de grano y pimienta negra

Ponga el bulgur en una olla y cubra con agua hirviendo. Reduzca el fuego y deje hervir a fuego lento de 15 a 20 minutos hasta que esté suave y con sabor a nuez. Escurra y deje enfriar.

Mezcle el bulgur ya frío con el pepino, cebolla morada, chícharos, espinaca, chile y frijoles *adzuki*. Salpimiente e incorpore suavemente el tofu marinado.

Prepare el aderezo combinando el aceite de oliva, salsa de soya, aceite de ajonjolí y jugo de limón, revuelva bien. Vierta sobre la ensalada, mezcle y después transfiera a un recipiente plástico, tape y guarde en el refrigerador.

INGREDIENTE ESTRELLA: El trigo bulgur es muy rico en betaína, que apoya la función hepática y la habilidad del corazón para contraerse, ayuda a reducir la inflamación y bajar la homocisteína, un indicador de enfermedad cardiovascular. El trigo bulgur también es muy alto en fibra, lo que mejora el tránsito digestivo y ayuda a estabilizar el azúcar en sangre al desacelerar la liberación de energía de los alimentos.

Poderosa ensalada omega de caballa con aderezo de rábano picante Una hermosa ensalada fresca, estimulante y llena de sabor. Es un almuerzo vigorizante, ¡perfecto para variarle al típico sándwich!

1 PORCIÓN

100 g de yogur con probióticos vivos

2 cucharadas de salsa de rábano picante (*horseradish*)

½ limón amarillo, el jugo

1 cucharada de aceite de oliva

2 puñados de hojas de ensalada mixta

6 a 7 jitomates *cherry*, cortados a la mitad

½ pimiento rojo, sin semillas y cortado en dados

½ pepino pequeño, cortado en dados

2 filetes de caballa (macarela) a la pimienta, sin piel y desmenuzados

sal marina de grano y pimienta negra

En un tazón pequeño mezcle el yogur, rábano picante, jugo de limón y aceite de oliva para preparar un aderezo cremoso. Sazone con sal y pimienta.

Combine las hojas de ensalada, jitomates, pimientos, pepinos y caballa asada y desmenuzada en un tazón; condimente con el aderezo de rábano picante y sirva de inmediato. Si la va a llevar al trabajo, empaque el aderezo aparte y viértalo encima justo antes de comer.

INGREDIENTE ESTRELLA: Aquí la caballa es la verdadera estrella, pues está repleta de ácidos grasos omega 3, que son benéficos para la piel y el sistema nervioso. También se ha demostrado que nivela los índices de colesterol bueno y malo, y reduce la inflamación del sistema cardiovascular. El efecto antiinflamatorio aplica para todo el cuerpo, así que para cualquier problema de este tipo, aumente el omega 3.

Ensalada estabilizadora de *tzatziki, salmón y quínoa* Ideal para un almuerzo fresco y maravilloso. Colmada de sabor, rica en nutrientes y muy sustanciosa, sus sabores sanos y refrescantes revivirán sus papilas gustativas. Para ahorrar tiempo compre los filetes de salmón precocidos en el supermercado.

1 PORCIÓN

50 g de quínoa
¼ de pepino, picado muy fino
1 manojo pequeño de menta
    fresca; las hojas picadas
    grueso
150 g de yogur con probióticos
    vivos
1 manojo de perejil fresco,
    picado fino
1 filete de salmón cocido
sal marina de grano y pimienta
    negra

Coloque la quínoa en una cacerola y cubra de agua hirviendo. Lleve al hervor, baje el fuego y cocine a fuego lento de 10 a 14 minutos hasta que esté suave. Escurra bien.

Mezcle el pepino picado, la menta y el yogur para formar un cremoso *tzatziki*. Sazone con sal y pimienta.

Agregue el perejil a la quínoa cocida. Sazone con sal y pimienta y transfiera a un recipiente plástico hermético. Coloque el filete de salmón encima y bañe con el *tzatziki*. Guarde en el refrigerador hasta que lo vaya a comer.

COMBINACIÓN INGENIOSA: Este platillo muestra cómo mezclar los ingredientes para estabilizar el azúcar en sangre. Una fuente de proteína magra y de grasas buenas (salmón), junto con un carbohidrato complejo de bajo IG (quínoa), forman una comida que libera su energía lentamente, alimentando los niveles de azúcar en sangre gota a gota, lo que reduce la producción de insulina.

Wraps energéticos de vitamina B

Son perfectos para saborear sentado en el escritorio, comer al aire libre en el parque ¡o donde se encuentre a la hora del almuerzo! Son sabrosos, sustanciosos y mantendrán sus niveles de energía a lo largo del día. Puede comprar salmón precocido en el supermercado para ahorrar tiempo.

1 PORCIÓN

1 tortilla de harina integral
1 cucharada de *tahini*
½ limón amarillo, el jugo
1 filete cocido de salmón
1 puñado grande de lechugas
sal marina de grano y pimienta
    negra

INGREDIENTE ESTRELLA: El *tahini* es una fuente rica de tiamina (B1), esencial para la salud del sistema nervioso. Es estupendo para los huesos, ya que tiene buenos niveles de calcio y es rico en magnesio y cobre, importantes para la formación ósea. También contiene dos compuestos lignanos llamados sesamina y sesamolina, que pueden reducir el colesterol.

Extienda la tortilla integral y úntela de *tahini*. Exprima el jugo de limón sobre el *tahini*.

Desmenuce el salmón en trozos y distribúyalos sobre el *tahini*. Salpimiente, después ponga encima las lechugas. Enrolle la tortilla y corte a la mitad. Coma de inmediato, o envuelva en plástico autoadherible y guarde en el refrigerador hasta que lo necesite.

Es mejor prepararlo y comerlo el mismo día, pero si prefiere puede mezclar el *tahini* y limón amarillo y llevárselo por separado con el salmón, la tortilla y las hojas, y luego envolver y ensamblarlo en el trabajo.

Ensalada dinámica de pollo y toronja rosada

Hermoso platillo que grita ¡verano! Es consistente cuando quiere comer algo ligero, y virtuoso si tiene planeada una gran cena. Puede utilizar una pechuga de pollo precocida para que sea todavía más simple.

1 PORCIÓN

1 pechuga grande de pollo
2 cucharadas de aceite de oliva
1 toronja rosada
3 cucharadas de berros, arúgula y espinaca *baby*
½ bulbo de hinojo, rebanado muy fino
1 cucharadita de vinagre balsámico
¼ de cucharadita de hierbas secas
sal de grano y pimienta negra

INGREDIENTE ESTRELLA: Las toronjas rosadas están repletas de vitamina C y su hermoso color rosado viene del licopeno; se cree que este reduce la oxidación del colesterol y beneficia la salud de la glándula prostática. También son ricas en limonenos, que ayudan a proteger de daños a las células.

Precaliente el horno a 200°C. Coloque la pechuga de pollo sobre una charola para hornear, rocíe con un poco de aceite de oliva, salpimiente y cocine de 25 a 30 minutos, hasta que esté cocida. Deje enfriar.

Mientras tanto, pele y segmente la toronja. Para hacerlo, corte la cáscara con un cuchillo filoso hasta revelar la pulpa, moviendo el cuchillo hacia abajo y haciendo una curva alrededor de la fruta para mantener su forma. Para liberar los gajos, corte hacia dentro de la fruta entre las blancas y delgadas membranas, sáquelos y reserve el jugo. Retire la piel, rebane la pechuga de pollo y deposítela en un tazón con las hojas de ensalada y las rebanadas de hinojo.

Mezcle el aceite de oliva, vinagre balsámico y hierbas, batiendo vigorosamente para emulsionar. Salpimiente. Añada los gajos de toronja encima de la ensalada y rocíe el aderezo encima. Sirva de inmediato. Si va a guardarlo en una lonchera, mezcle el pollo, hinojo y toronja con el aderezo y acomódelo al fondo del recipiente, después ponga las hojas encima. Guarde en el refrigerador y mézclelo justo antes de comer.

Audaces rollitos de lechuga con pollo

Pueden prepararse la noche anterior. Son un gran almuerzo, pues tienen un IG muy bajo y no dispararán sus niveles de azúcar, evitando «el bajón» después del almuerzo.

1 PORCIÓN

3 cucharaditas de miel líquida
1 cucharadita de salsa de soya
1 chile rojo, picado fino
½ cucharadita de ajo en polvo
1 pechuga de pollo grande
   o 2 pequeñas, sin piel
aceite de oliva, para cocinar
4 a 5 hojas de lechuga
¼ de cebolla morada rebanada
1 puñado de cacahuates con sal
5 a 6 jitomates *cherry*, en cuartos

COMBINACIÓN INGENIOSA:
Esto tiene que ver más con lo que *no* contiene: las hojas de lechuga reemplazan a los *wraps* de harina con levadura y ricos en almidón, lo que sin duda puede causar oscilaciones del azúcar en sangre. El foco está en la proteína y los vegetales, que a usted le mantendrán satisfecho y a sus niveles de azúcar estables.

Mezcle la miel, salsa de soya, chile y ajo en polvo en un tazón.

Corte la pechuga de pollo en dados pequeños y agregue a la mezcla de miel y salsa de soya. Combine bien y deje marinar unos minutos.

Caliente un sartén antiadherente a fuego medio y añada un chorrito de aceite de oliva. Agregue el pollo y la marinada sobrante al sartén caliente, y cocine de 5 a 6 minutos, hasta que el pollo esté completamente cocido y la marinada haya comenzado a caramelizarse y oscurecerse. Reserve y deje enfriar.

Empaque la cebolla rebanada, cacahuates, jitomates *cherry* y trozos de pollo en un recipiente hermético. Guarde la lechuga aparte del pollo para que no se marchite. Monte los rollitos colocando en cada hoja de lechuga unos cuantos trozos del pollo cocido, unas cuantas rebanadas de cebolla y unos cuantos cacahuates; después enrolle y devore.

Sopa sedosa de apionabo

Al apionabo muchas veces lo ignoran en los estantes, pero me encanta. Tiene un sabor fresco y además las sopas son un excelente almuerzo, porque son sustanciosas y fáciles de hacer en gran cantidad.

1 A 2 PORCIONES

aceite de oliva, para cocinar

1 cebolla blanca grande, picada fino

2 dientes de ajo, picados fino

1 apionabo mediano, pelado y cortado en cubitos, y un poco más para decorar (opcional)

750 ml a 1 litro de caldo de verduras

1 tallito de perejil fresco, picado

sal marina de grano y pimienta negra

Caliente un poco de aceite de oliva en una olla grande, agregue la cebolla y ajo y cocine durante 4 a 5 minutos, hasta que se suavicen. Añada el apionabo cortado en cubos y cocine durante 5 minutos más.

Agregue suficiente caldo de verduras para cubrir, llevando al hervor; reduzca el fuego y deje hervir a fuego lento hasta que se suavice el apionabo, alrededor de 10 o 15 minutos.

Licue hasta obtener una sopa suave y sedosa. Salpimiente y esparza perejil encima. Para volverla más especial, puede cortar algunas tiras delgadas de apionabo, freírlas en aceite de oliva hasta que estén crocantes, y esparcir encima para darle un crujido adicional.

INGREDIENTE ESTRELLA: Aunque usted no lo crea, parece que el apionabo es un ingrediente antiinflamatorio bastante efectivo. Contiene polisacáridos que ofrecen cierta actividad antiinflamatoria a los tejidos con que entra en contacto, los cuales están en el tracto gastrointestinal superior y medio. También contiene un compuesto llamado 3-n-butilftalido (3NB, para abreviar), que tiene actividad antiinflamatoria sistémica.

BUENO PARA: Salud de la piel, salud de los ojos, salud cardiovascular, salud digestiva, salud de la próstata, antiinflamatorio

Sopa de jitomate y frijol blanco para estimular el licopeno

Es lo máximo para prepararse velozmente, combina ingredientes frescos con algunos procesados. Es rápida, fácil, deliciosa y aun así repleta de poder.

1 PORCIÓN
aceite de oliva, para cocinar
1 cebolla morada grande, picada fino
2 dientes de ajo, picados fino
1 lata de 400 g de jitomates, picados fino
200 ml de caldo de verduras
mantequilla, para cocinar
1 lata de 400 g de frijoles blancos *cannellini*, escurridos
1 tallito de perejil fresco, picado (opcional)
sal marina de grano y pimienta negra

Caliente un poco de aceite de oliva en una olla, agregue la cebolla, ajos y cocine a fuego lento de 4 a 5 minutos, hasta que se suavicen. Agregue los jitomates y lleve al hervor; reduzca el fuego y deje hervir a fuego lento por 8 minutos.

Añada el caldo de verduras y un trocito de mantequilla. Licue y obtenga una sopa uniforme. Sazone con sal y pimienta.

Una vez homogénea, vierta de nuevo en la olla y agregue los frijoles blancos. Caliente y, si gusta, espolvoree el perejil encima.

INGREDIENTE ESTRELLA: Aunque los jitomates en lata son procesados, lo que quiere decir que es posible que se haya perdido la vitamina C, otros compuestos poderosos se vuelven más absorbibles a causa del proceso de enlatado. Los jitomates son muy ricos en un carotenoide llamado licopeno; y hay datos que demuestran un vínculo entre el alto consumo de productos de jitomate y una incidencia menor de agrandamiento de la próstata. Aunque esto no comprueba una causa y efecto, de todos modos los carotenoides son buenos para consumir regularmente, pues benefician la salud cardiovascular, la vista y reducen la inflamación.

Sopa miso con fideos y hongos

Mis múltiples escapadas a Asia provocaron mi amor por las sopas de fideos. Son fáciles, sustanciosas y definitivamente una grata variación al almuerzo de siempre. Esta receta está diseñada para prepararse la noche anterior.

1 PORCIÓN

1 porción de fideos soba secos
aceite de oliva, para cocinar
250 g de hongos *shiitake*
1½ cucharadas de pasta de
   miso
1 puñado pequeño de cilantro
   fresco (opcional)
1 pieza de *pak choi* (col china)
sal marina de grano y pimienta
   negra

INGREDIENTE ESTRELLA:
El miso es un ingrediente muy denso en nutrientes. Está repleto de aminoácidos, que son esenciales para la producción de proteína. Es alto en calcio, magnesio y folato, y es fuente rica de isoflavonas. Estupendo para el SPM y el colesterol alto.

Lleve al hervor una olla con agua, agregue los fideos y deje hervir a fuego lento alrededor de 10 minutos, hasta que estén suaves. Escurra y añada un poco de aceite de oliva para evitar que se peguen.

Caliente un poco de aceite de oliva en una olla, agregue los hongos y cocine de 4 a 5 minutos, hasta que estén suaves. Añada la pasta de miso y mezcle bien.

Cubra con 400 ml de agua caliente y deje hervir lentamente por 1 minuto, pruebe y sazone con sal y pimienta si lo necesita; luego transfiera a un recipiente. Coloque los fideos cocidos, cilantro, si lo usa, y el *pak choi* crudo en un contenedor por separado.

Cuando esté listo para comer, trocee el *pak choi* dentro de la sopa miso y caliéntela en un microondas o en la estufa. Una vez caliente, agregue los fideos cocidos, cilantro y sirva de inmediato.

Sopa de hongos mágicos

¡Ajá! Esto le llamó la atención. No se preocupe, no contiene nada extraño ni ilegal, solo tiene un sabor divino y una textura bastante mágica.

1 PORCIÓN

30 g de hongos porcini deshidratados

aceite de oliva, para cocinar

1 cebolla blanca grande, picada fino

2 dientes de ajo, picados fino

250 g de champiñones, picados

250 g de hongos *shiitake*, picados

3 cucharaditas de caldo de verduras en polvo

sal marina de grano y pimienta negra

Coloque los porcini deshidratados en un tazón refractario y cubra con 400 ml de agua caliente.

Caliente un poco de aceite de oliva en una olla grande, agregue la cebolla y ajos y cocine de 4 a 5 minutos, hasta que se suavicen. Añada los champiñones y los hongos *shiitake* picados y siga cocinando durante unos 10 minutos.

Agregue los porcini hidratados y el agua que usó para hidratarlos (cuele para desechar la tierra), añada el caldo y deje hervir a fuego lento por 10 minutos más. Una vez que se hayan suavizado los hongos, licue hasta obtener una sopa uniforme. Sazone con sal y pimienta y sirva caliente.

INGREDIENTE ESTRELLA: Los hongos *shiitake* contienen un tipo único de azúcar llamado polisacárido que estimula la producción de glóbulos blancos al interactuar con áreas del intestino conocidas por sus siglas en inglés como GALT (tejido linfoide asociado al tubo digestivo). Estos causan un acto reflejo que básicamente pone al cuerpo en modalidad de alarma y estimula la producción de linfocitos. Cuantos más linfocitos estén en circulación, en mejor posición estamos para combatir la infección.

Para picar

Comer tres comidas al día no funciona para todos y no siempre es conveniente. Para algunas personas, comer una cantidad pequeña varias veces al día ayuda a mantener los ánimos y los niveles de azúcar estables, además puede ayudar con el control de peso. Mucha gente me ha pedido opciones para cuando atacan las ganas de comer, o cuando quieren llenar un hueco con algo más sustancioso que una porción de fruta o unas nueces.

Pruebe algunas de estas soluciones sabrosas y simples: los suculentos dips son una forma estupenda de llenar ese huequito en el estómago y se preparan con ingredientes de todos los días. Estoy seguro de que alguno de estos saciará su antojo. Pueden elaborarse con anticipación y guardarse en el refri, o prepararse en cuestión de minutos.

Canapés de pepino Cuando necesite un tentempié colmado de virtudes, estos son súper fáciles y se pueden elaborar en minutos.

4 PORCIONES

200 g de aceitunas kalamata
   sin hueso
2 cucharadas de aceite de oliva
150 g de jitomates secados
   al sol
50 g de queso feta
½ pepino
sal marina de grano y pimienta
   negra

Para hacer el primer aderezo, coloque las aceitunas y la mitad del aceite de oliva en un procesador de alimentos y licue lentamente para preparar una pasta tosca. Sazone con sal y pimienta si lo necesita.

Para hacer el segundo aderezo, meta los jitomates deshidratados, queso feta y lo que queda del aceite de oliva en el procesador de alimentos y licue a alta velocidad para lograr una textura uniforme parecida a un paté. Sazone con sal y pimienta si necesita.

Rebane el pepino y cubra cada rebanada de forma alterna con los distintos aderezos.

INGREDIENTE ESTRELLA: Las aceitunas aportan muchos beneficios a la salud, en especial al sistema cardiovascular. Son muy ricas en un ácido graso llamado ácido oleico, conocido porque mejora los índices de colesterol bueno y reduce la presión sanguínea. También reducen los episodios inflamatorios mediados por histaminas al interferir con la actividad de los receptores de estas y algunos mediadores inflamatorios. Además tienen beneficios antioxidantes.

Puré de frijoles rojos con *crudités* crujientes para el corazón

En mi casa este es un alimento muy popular para el almuerzo. A menudo hacemos hasta lo imposible para limpiar con los palitos de zanahoria lo último del puré que queda en el tazón. Es perfecto para llevar al trabajo en un recipiente hermético, o como aperitivo o tentempié.

1 A 2 PORCIONES
1 lata de 400 g de frijoles *adzuki*, escurridos
2 dientes de ajo, machacados
½ limón amarillo, el jugo
4 cucharadas de aceite de oliva
selección de verduras frescas, como zanahorias, apio, pepino, pimientos o rábanos
sal de grano y pimienta negra

Coloque los frijoles, ajo, jugo de limón amarillo y aceite de oliva en una licuadora o procesador de alimentos, sazone con sal y pimienta y licue hasta obtener un hermoso puré parecido al humus.

Corte las verduras en palitos o bastones delgados.

Guarde por separado el *dip* y las verduras crudas; refrigere hasta que estén listos para comer. Para servir como aperitivo, llene un tazón con el puré de frijoles y póngalo en medio de un plato grande para servir; rodee con las verduras crudas y devore.

INGREDIENTE ESTRELLA: El ajo contiene alicina, que ayuda a reducir el colesterol malo (LDL). También contiene ajoene, que reduce los factores de coagulación, haciendo que este sea un estupendo platillo para el colesterol alto.

Baba ganoush con tiras de pan de pita

Este platillo es un estupendo *dip* para un *mezze barbecue* o día de campo, o para un sustancioso almuerzo. Muchas recetas piden que las berenjenas se horneen enteras y después se saque la pulpa con una cuchara, pero desde el punto de vista nutricional es un error, así que yo no se la quito.

1 A 2 PORCIONES

1 berenjena grande, cortada en trozos de 2 cm
aceite de oliva, para rociar
1 cucharada de *tahini*
1 diente de ajo grande
1 limón amarillo, el jugo
2 panes de pita integrales
sal de grano y pimienta negra

INGREDIENTE ESTRELLA:
Las berenjenas son muy ricas en un poderoso compuesto de las antocianinas llamado nasunina. Algunos estudios han demostrado que puede proteger las neuronas de los daños de oxidación. Sin duda, hay amplia evidencia de que las antocianinas pueden beneficiar la salud cardiovascular y cognitiva. ¡Ni más, ni menos!

Precaliente el horno a 200° C, coloque los trozos de berenjena en una charola para hornear, rocíelas con un poco de aceite de oliva y sazone con sal y pimienta. Ase en el horno de 20 a 30 minutos, hasta que estén suaves y comiencen a caramelizarse ligeramente en los bordes.

Retire y deje enfriar ligeramente, después coloque en un procesador de alimentos con el *tahini*, el ajo machacado y jugo de limón amarillo. Sazone con sal y pimienta. Procese a toda velocidad hasta que se forme una mezcla cremosa parecida al humus.

Tueste los panes de pita y córtelos en tiras, después sírvalos con el *baba ganoush*. Si quiere empacar las tiras de pita pretostadas, córtelas en tiras y hornee de 5 a 10 minutos.

Humus de girasol al ajo Soy fan del humus, y esta versión tiene un ligero sabor a nueces, es suntuosa y muy rica en muchos nutrientes vitales. Estupendo con palitos de verdura, galletas de avena, o si usted es como yo, ¡solo métale la cuchara!

1 PORCIÓN
150 g de semillas de girasol
2 dientes de ajo, picados fino
1 cucharada de *tahini*
1 limón amarillo, el jugo
3 cucharadas de aceite de oliva
sal marina de grano

La primera etapa necesita un poco de tiempo, así que empiece el día anterior. Coloque las semillas de girasol en un tazón, cubra con agua y deje reposar 24 horas para que se suavicen. Escurra.

Licue las semillas de girasol, ajo, *tahini*, jugo de limón y aceite de oliva en un procesador de alimentos a alta velocidad hasta que se forme un *dip* parecido al humus. Sazone con sal de grano y guarde en el refrigerador.

INGREDIENTE ESTRELLA: Las semillas de girasol valen mucho más que el sonido que hacen al moverlas en la bolsa. Están repletas de un grupo de compuestos llamados fitosteroles, los mismos que aparecen en las bebidas conocidas para bajar el colesterol. Al enlazarse con el colesterol en el tracto digestivo lo eliminan del cuerpo. Las semillas de girasol también son ricas en zinc, selenio y calcio.

Paté de col rizada, feta y eneldo

Hermoso ejemplo de un platillo fácil de preparar que puede guardarse en el refri, listo para ese momento en que da el antojo. Sabe rico hasta con tostadas de avena, con palitos de verdura o incluso pan tostado multigrano.

1 A 2 PORCIONES

2 puñados de col rizada (*kale*)
100 g de queso suave bajo en grasas
100 g de queso feta
½ cucharadita de alcaparras
5 g de eneldo fresco, picado grueso
1 cucharada de aceite de oliva
tostadas de avena o palitos de verdura fresca, para servir (opcional)
sal marina de grano y pimienta negra

Quite los tallos a las hojas de col rizada. Lleve al hervor una olla con agua, coloque la col rizada en una vaporera y deje que se cueza de 5 a 8 minutos, hasta que estén suaves. Retire y ponga en agua fría, después escurra y deje enfriar.

Coloque la col rizada cocida y los ingredientes sobrantes en un procesador de alimentos y licue para formar un suave paté. Salpimiente y guarde en un contenedor hermético en el refrigerador. Sirva con palitos de verdura o tostadas de avena.

COMBINACIÓN INGENIOSA: La col rizada (*kale*) es una fuente fabulosa de fibra y de magnesio, uno de los nutrientes comunes más escasos, el cual se utiliza en más de 1,000 reacciones químicas en el cuerpo, ¡es bastante importante! También tiene compuestos antioxidantes llamados carotenoides, y las grasas de la feta y el queso suave aumentan considerablemente nuestra habilidad para absorberlas.

Para comer rápido

Para mí, la parte más difícil de comer bien es preparar algo sano después de un largo día en el trabajo. En el mejor de los casos mi horario es una locura y, después de un día agotador, me llenaría de terror la idea de pasar horas en la cocina tratando de crear una obra maestra. Por suerte la comida buena y sana no tiene que ver con la magia culinaria, ¡y no es necesario recurrir a ese menú manoseado de comida con servicio a domicilio. Mucho de lo que preparo en casa hoy en día es ligero, rápido y requiere muy poco esfuerzo, pero sabe fantástico.

Aquí, las armas en su arsenal son las delicias en una sola cazuela, trucos para encontrar atajos y preparaciones rápidas, así como ingredientes fáciles de encontrar. Estos platillos dependen de métodos simples de preparación, uno que otro ingrediente listo para usar por ahí, e incluso cocinar por tandas y congelar. En muy poco tiempo podrá obtener algo rápido, delicioso y saludable, y sabrá exactamente qué es lo que está comiendo. Organícese, póngase creativo y manténgase saludable.

Pasta con chícharos, hinojo, menta y perejil

La pasta, esencial para preparar una cena rápida, no tiene por qué estar prohibida si opta por la integral y la come con ingredientes nutritivos. En este espléndido platillo, la combinación que proporciona la mayor parte de los ingredientes aromáticos es la clave de sus efectos benéficos.

1 PORCIÓN
aceite de oliva, para cocinar
1 bulbo pequeño de hinojo, rebanado fino
2 cucharadas de chícharos precocidos congelados
75 g de espagueti integral
6 a 7 hojas de menta fresca, picadas
1 tallito de perejil fresco, picado
2 cucharadas de queso parmesano rallado
sal marina de grano y pimienta negra

Caliente un poco de aceite en una cazuela, agregue el hinojo rebanado y cocine de 4 a 5 minutos, hasta que se suavice. Añada los chícharos y cocine de 1 a 2 minutos más.

Lleve una olla con agua salada al hervor, agregue la pasta y cocine de 8 a 9 minutos, o hasta que esté *al dente* (revise las instrucciones en el paquete).

Escurra bien, añada el hinojo y chícharos y mezcle. Agregue la menta y el perejil y 1 cucharada de parmesano, salpimiente, y mezcle bien otra vez. Sirva con el parmesano sobrante encima.

INGREDIENTE ESTRELLA: El hinojo es un héroe olvidado, pero contiene varios aceites esenciales que apaciguan la hinchazón al relajar las paredes intestinales y disipar los gases. También tiene un aceite esencial poderoso llamado anetol que tiene propiedades antiinflamatorias.

Rojo, blanco y verde

Está de moda en cenas rápidas y ligeras. Es la solución perfecta para esos días en que literalmente se arrastró a casa y solo necesita algo rápido, sin tener que ponerse a pensar o hacer mucho al respecto. Si quiere, hasta puede reemplazar el humus por uno comprado en la tienda, para obtener el más veloz de los alimentos.

1 PORCIÓN

1 lata de 400 g de frijoles *cannellini*, escurridos
1 diente de ajo, machacado
½ limón amarillo, el jugo
4 cucharadas de aceite de oliva
2 rebanadas de pan multigrano
1 manojo de hojas de espinaca *baby*
2 jitomates saladet, picados fino
sal marina de grano y pimienta negra

Coloque los frijoles escurridos, ajo, jugo de limón y aceite de oliva en una licuadora o procesador de alimentos, sazone con sal y pimienta y licue hasta obtener un puré parecido al humus.

Tueste el pan. Cubra primero con la espinaca *baby*, después el humus y luego los jitomates picados. Sirva de inmediato.

COMBINACIÓN INGENIOSA: El humus es uno de esos platillos que resulta ser una estupenda arma en su arsenal, cuando siente que estuvo bajo mucha presión o está agotado y su sistema inmune necesita apoyo. Incluye ajo, que tiene aceites antivirales volátiles, y los frijoles son una excelente fuente de zinc, que es utilizado por los leucocitos para regular su actividad.

Okonomiyaki **bioenergético** Este tipo de pizza de huevo japonesa es perfecta para una cena rápida. Es lo ideal cuando quiere algo ligeramente prohibido pero sano de todos modos; un antojo súper veloz y sabroso.

1 PORCIÓN
100 g de harina integral
2 huevos, ligeramente batidos
1 puñado grande de col rizada
1 zanahoria grande, rallada
1 poro grande, rebanado fino
2 cucharadas de linaza
1 cucharadita de aceite de ajonjolí
2 cucharadas de salsa de soya
1 cucharada de vinagre de manzana
1 cucharadita de miel líquida
2 cm de raíz de jengibre fresco
½ chile rojo, picado fino
aceite de coco, para freír
sal marina y pimienta negra
hojas de ensalada, para servir

COMBINACIÓN INGENIOSA:
Utilizar ingredientes altos en fibra que proporcionan tanto prebióticos como probióticos, como el poro y la col rizada, ayudan a la salud digestiva a corto y largo plazo.

Mezcle la harina, huevos, col rizada (*kale*) en trozos, zanahoria, poros y semillas de linaza molida en un tazón grande, hasta obtener un tazón repleto de verduras cubiertas de masa. Salpimiente.

Prepare una salsa, mezclando el aceite de ajonjolí, salsa de soya, vinagre, miel, jengibre picado fino y chile en un tazón pequeño, reserve.

Caliente un sartén antiadherente grande y derrita una cantidad pequeña de aceite de coco, asegurándose de que el aceite recubra la base del sartén.

Coloque varias cucharadas grandes de la mezcla de verduras en el sartén y presione ligeramente hacia abajo para formar una especie de pizza. Cocine de 2 a 3 minutos antes de voltearla con cuidado. Repita hasta que esté crujiente y dorada por los dos lados. Corte en rebanadas y sirva con las hojas de ensalada y la salsa.

Poderoso *pad thai* Un excelente platillo para el sistema inmunitario, repleto de ingredientes verdaderamente poderosos. Lo preparo mucho con pasta de tamarindo, que no siempre es fácil de conseguir, así que si no hay, está bien. ¡Mucho mejor que la comida para llevar!

2 PORCIONES

125 g de fideos de arroz planos
aceite de oliva, para cocinar
1 cebolla morada, cortada a la
   mitad y rebanada
2 cebollitas
2 dientes de ajo, picados fino
1 chile rojo, picado fino,
   sin quitar las semillas
75 g de hongos *shiitake*,
   rebanados
1 limón, el jugo
2 cucharaditas de pasta
   de tamarindo (opcional)
2 cucharaditas de salsa de
   pescado
2 cucharaditas de salsa de soya
2 cucharaditas de miel líquida
1 puñado de cacahuates
   salados
1 manojo pequeño de cilantro
   fresco, picado grueso
sal marina de grano

Coloque los fideos de arroz en un tazón y cubra con agua caliente. Deje hasta que se suavicen; normalmente toma unos 15 minutos.

Mientras tanto, caliente un poco de aceite de oliva en un wok o sartén grande, agregue la cebolla morada, cebollitas, ajo y chile. Saltee de 3 a 4 minutos, removiendo hasta que las cebollas estén suaves y traslúcidas. Sazone con sal. Agregue los hongos *shiitake* y siga cocinando hasta que estén tiernos.

Escurra los fideos y viértalos en el sartén. Remueva bien y baje el fuego. Agregue el jugo de limón, tamarindo (si lo va a usar), salsa de pescado, salsa de soya y miel; y mezcle bien. Coloque sobre un plato y aderece con los cacahuates y el cilantro. Sirva de inmediato.

COMBINACIÓN INGENIOSA: Un platillo estupendo si se siente un poco molido o siente las primeras señales de un resfriado. Le ayudará la combinación de ajo antiviral, el *shiitake* estimulador de glóbulos blancos y el chile descongestionante.

Calamares cinco especias para construir huesos

No se deje intimidar por los calamares: este platillo tiene una vibra y un sabor exótico celestial. Además está tan repleto de nutrientes que casi parece demasiado bueno para ser verdad. Es uno de esos platillos que se vuelven adictivos.

1 PORCIÓN

aceite de oliva, para cocinar
½ cebolla morada, rebanada
1 diente de ajo, picado fino
120 g de col rizada (*kale*)
1 chorrito de salsa de soya
2 bolsas de calamar grandes
   o 3 medianos
½ cucharadita de polvo
   de cinco especias
1 cucharada de nueces de
   la India
sal marina de grano y pimienta
   negra

Caliente aceite de oliva en un sartén, agregue la cebolla y ajo y cocine de 2 a 3 minutos. Quite los tallos a las hojas de col rizada; añádala al sartén y cocine hasta que tome un color verde más brillante y oscuro, y se ablande. Agregue la salsa de soya y guarde.

Caliente un poco de aceite de oliva en una plancha o en un sartén a fuego alto. Agregue el calamar y cocine por 3 minutos. Espolvoree el polvo de cinco especias y salpimiente. Dele la vuelta y repita. Tenga cuidado de no sobrecocer el calamar; no debería de tomar más de 6 o 7 minutos.

Caliente la col rizada, añada las nueces de la India, removiendo, coloque encima el calamar a la plancha y sirva de inmediato.

INGREDIENTE ESTRELLA: Mucha gente rehúye al calamar, pero es una fuente muy rica de selenio y zinc que apoyan al sistema inmune. Además es una estupenda fuente de proteína y excepcionalmente magro.

Cazuela de mariscos para estimular la piel

Tengo que agradecer a unos buenos amigos por esto, ya que en una ocasión prepararon un platillo como este en una fiesta. Le di mi propio giro y se transformó en un favorito de la casa. Es perfecto para una cena ligera o también puede servirse con quínoa cocida y una ensalada al lado si quiere algo más sustancioso.

2 PORCIONES

aceite de oliva, para cocinar
1 cebolla morada grande,
    picada fino
2 dientes de ajo, picados fino
500 g de puré de jitomate
1 filete de salmón sin piel,
    cortado en cubos de 2 cm
2 bolsas de calamar fresco
    grandes o 4 pequeños,
    cortados en aros de 1 cm
150 g de langostinos,
    sin cáscara
3 puñados de espinaca *baby*
2 cucharadas de aceitunas
    verdes picadas
sal de grano y pimienta negra

Caliente un poco de aceite de oliva, agregue la cebolla y ajos y cocine de 4 a 5 minutos, o hasta que la cebolla se suavice. Añada el puré de jitomate y hierva a fuego lento de 3 a 4 minutos.

Agregue el salmón y cocine a fuego lento de 4 a 5 minutos. Incorpore el calamar y los langostinos, cocine de 2 a 3 minutos más, hasta que todo esté bien cocido. Mezcle, e integre la espinaca y las aceitunas, salpimiente y cocine por 2 minutos más, o hasta que la espinaca se haya suavizado. Sirva de inmediato

INGREDIENTE ESTRELLA: Los langostinos son una excelente fuente de selenio, mineral antioxidante. Es utilizado por el cuerpo para producir una enzima llamada glutatión peroxidasa, que ayuda a descomponer y eliminar residuos.

BUENO PARA: Acné y eczema, tos y resfriado, senos nasales congestionados, colesterol alto e hipertensión, antiinflamatorio general

Brochetas «quebrantagripes» de salmón al *wasabi*

Me encanta la sensación que produce el *wasabi*, y nadie puede negar el efecto que tiene en el sistema respiratorio. Los sabores del salmón y el *wasabi* son la combinación perfecta.

1 PORCIÓN

2 filetes de salmón sin piel, cortados en trozos de 3 cm

2 cebollitas cambray, cortadas a lo largo en trozos de 3 cm

2 cucharadas de salsa de soya

1 cucharadita de *wasabi* (pasta o polvo)

½ cucharadita de miel líquida

Ensarte los trozos de salmón en 2 o 3 brochetas de metal, alternándolas con tallitos de cebollita cambray. Coloque las brochetas en una charola para hornear.

Mezcle la salsa de soya, *wasabi* y miel para hacer una marinada y verterla sobre las brochetas. Gire las brochetas varias veces en la marinada para asegurarse de que el salmón esté cubierto de manera uniforme. Deje marinar por 10 minutos, después vuelva a voltear las brochetas.

Caliente una plancha o parrilla a temperatura alta, ponga las brochetas y cocine por 15 minutos, volteando con frecuencia. Sirva de inmediato con arroz integral y una ensalada, si gusta.

INGREDIENTE ESTRELLA: El *wasabi* seguramente lo ayudará si se siente congestionado. Contiene poderosos aceites volátiles que funcionan como irritantes para las membranas mucosas en el tracto respiratorio, lo que las hace secretar un moco delgado y líquido (¿nunca ha sentido cómo sale agua de su nariz cuando come *sushi*?) Esto ayuda a limpiar cualquier congestión provocada por mucosidad o catarro.

Filete de atún con ensalada de frijoles a las hierbas

No toma nada de tiempo cocinar un filete de atún. Lo ideal sería sellarlo, que no quede bien cocido y utilizar alimentos de la alacena, como frijoles de lata. Esto significa que tendrá, en minutos, una comida llena de nutrientes.

1 PORCIÓN

1 lata de 400 g de frijoles mixtos, escurridos
1 manojo pequeño de cilantro fresco
1 cucharadita de alcaparras
½ cucharadita de vinagre de vino blanco
aceite de oliva, para cocinar
1 filete de atún
1 limón, cortado en gajos
1 chile rojo, sin semillas y finamente picado
sal marina de grano y pimienta negra

Enjuague los frijoles con agua fría. Escurra la mayor cantidad de agua posible y pase a un tazón. Añada una buena parte del cilantro troceado, agregue las alcaparras, el vinagre, salpimiente. Mezcle bien.

Rocíe aproximadamente 1 cucharadita de aceite de oliva en cada lado del filete de atún y salpimiente. Ponga a calentar una parrilla y hasta que esté bien caliente, coloque el atún y cocine alrededor de 3 minutos de cada lado. No lo mueva; los bordes deben cocinarse y el centro tiene que permanecer rosado.

Para servir, coloque la ensalada de frijoles en el centro de un plato y disponga el filete de atún encima. Espolvoree con chile y cilantro; sirva con gajos de limón.

INGREDIENTE ESTRELLA: El atún fresco es preferible al enlatado, pues retiene el omega 3, que es vital para la salud del corazón, piel, cerebro y regula la inflamación (las grasas del atún enlatado se retiran y venden a la industria de los suplementos dietéticos). El atún es rico en selenio, el cual produce enzimas que eliminan los residuos de las células.

Paquete de proteínas de *mozzarella* y pollo

Esta delicia se encuentra ligeramente en el extremo más travieso del espectro, pero es sustanciosa y una gran fuente de proteína. La preparo como una cena ligera, con una ensalada pequeña, para los días que hago ejercicio de resistencia o cuando estuve muy presionado y necesito más proteína.

1 PORCIÓN

1 pechuga de pollo grande
aceite de oliva, para rociar
3 puñados de hojas de espinaca *baby*
1 cucharada de *tapenade*
2 rebanadas de *mozzarella*
sal marina y pimienta negra

COMBINACIÓN INGENIOSA:
La espinaca es una fuente muy rica del antioxidante betacaroteno, un nutriente liposoluble; y la *mozzarella,* obviamente tiene un contenido de grasa natural que funciona como portador del betacaroteno, el cual es un gran antiinflamatorio y aumenta de manera considerable su absorción.

Precaliente el horno a 190°C. Coloque la pechuga de pollo en una charola para hornear, rocíe con un poco de aceite de oliva, salpimiente y ase por 20 minutos.

Mientras tanto, ponga las hojas de espinaca en un escurridor o cernidor de metal y poco a poco vierta agua hirviente encima hasta que se suavicen. Exprima para sacar toda el agua y deje escurrir.

Después de 20 minutos, retire la charola del horno. Con cuidado distribuya una capa de *tapenade* o paté de aceituna (si se utiliza) sobre la pechuga de pollo, cubra con la espinaca y luego coloque encima la *mozzarella* baja en grasa. Salpimiente. Regrese al horno por 8 minutos más, hasta que el queso esté dorado y burbujeante. Retire y deje reposar por unos cuantos minutos antes de comer.

Kebab de pollo «sí puedo» Disfrute una versión rápida y saludable del favorito de la comida rápida. Sin grasa, solo ingredientes sanos y frescos. Cuando vea el puesto de *kebabs*, sígase de largo y mejor prepare este *chico malo* cuando llegue a casa.

1 PORCIÓN
1 pechuga de pollo sin piel
aceite de oliva, para cocinar
½ limón amarillo, el jugo
1 pan de pita integral
2 cucharaditas de mayonesa
1 puñado de lechugas
3 a 4 jitomates *cherry*
sal marina y pimienta negra

COMBINACIÓN INGENIOSA:
Resulta estupendo para estabilizar el azúcar en sangre, ya sea por estrés, control de peso o problemas como diabetes tipo 2. La mezcla de carbohidratos complejos de alta calidad y proteínas magras crean una comida que libera su energía lentamente, produciendo una alimentación por goteo del azúcar en sangre y manteniendo los niveles estables.

Precaliente el horno a 200°C. Caliente muy bien una parrilla, rocíe el pollo con aceite de oliva y salpimiente. Coloque el pollo en la parrilla y cocine sin moverlo por 3 o 4 minutos, hasta que se vean las marcas de la parrilla. Dele vuelta, páselo a una charola para hornear, exprima el jugo de limón encima y ase por unos 15 minutos, hasta que esté completamente cocido. Otra opción es solo asar el pollo en el horno por 20 minutos. Reserve.

Caliente el pan de pita y córtelo a la mitad para hacer dos porciones. Rebane el pollo. Unte un poco de mayonesa a cada mitad del pan, añada unas hojas de lechuga, jitomates rebanados en cuartos y la mitad del pollo. Repita con la otra mitad de pita y sirva de inmediato.

Fines de semana relajados

Para mí no hay mayor dicha en la vida que la de compartir buena comida, buen vino y buenos momentos con los amigos y la familia. No hay absolutamente ninguna razón por la que esto —que es un verdadero sustento para el alma— no deba ser tan saludable como cualquier otra parte de su dieta. A veces, a muchos de los que nos gusta compartir, nos da la sensación de que tenemos que hacer a un lado nuestros esfuerzos dietéticos en el momento de planear una cena. Por alguna razón, hemos separado la alimentación sana de lo placentero, como si la comida tuviera que ser una cosa o la otra. Pero esa no es la forma de vivir bien. No hay motivo para no crear banquetes especiales y al mismo tiempo cuidar activamente la salud. Puede esforzarse un poco más y preparar cenas para estas hermosas veladas, manteniendo su compromiso con la buena comida y una vida más saludable; aquí hay muchas sugerencias para mostrarle cómo. Todas las recetas son fáciles de duplicar o triplicar para alimentar a más gente.

También en esta sección hay algunos platillos estupendos para cuando tenga un poco más de tiempo en sus manos y pueda ser más imaginativo. Estos no son forzosamente manjares para esas cenas especiales, sino platillos para los días en que pueda pasar más tiempo en la cocina dejando volar su creatividad.

Tagine marroquí de verduras en cazuela

Me encanta un buen *tagine*. Es un platillo verdaderamente fácil de hacer, pero tiene un sabor soberbio después de dejarlo hervir lentamente.

4 PORCIONES

aceite de oliva, para cocinar

2 cebollas moradas grandes, picadas fino

4 dientes de ajo, picados fino

800 g de puré de jitomate

16 dátiles sin hueso, picados

2 cucharaditas de canela molida, o 2 rajas de canela entera

1 cucharadita de comino molido

2 latas de 400 g de garbanzo, escurridos

2 pimientos rojos grandes, cortados en trozos de 2 cm

1 berenjena grande, cortada en trozos de 1 cm

2 calabacitas grandes, en rebanadas de media luna

sal marina de grano y pimienta negra

ramitos de cilantro fresco, para servir

Caliente un poco de aceite de oliva en un sartén, agregue las cebollas y ajos, cocine de 4 a 5 minutos hasta que se suavicen. Agregue el puré de jitomate, dátiles, canela y comino y deje hervir a fuego lento de 10 a 15 minutos, removiendo con frecuencia.

Integre los garbanzos, pimientos y berenjena y deje hervir por 20 minutos más, removiendo a menudo. Si la salsa se seca mucho añada un poco de agua, pero tenga en mente que debe quedar bastante espesa al final. Agregue las calabacitas y cocine a fuego lento por 10 minutos más. Salpimiente. Sirva caliente, adorne con el cilantro y añada cuscús o quínoa integrales, si gusta.

INGREDIENTE ESTRELLA: Los herbolarios llevan décadas empleando canela para fomentar el flujo de sangre y como un ligero estimulante circulatorio. Algunos estudios han demostrado que los extractos de la canela pueden ser útiles para estabilizar los niveles de azúcar en sangre y hacer que las células se vuelvan más receptivas a la señalización de insulina, aunque todavía habría que probarlo en humanos. Aun así, es algo muy interesante.

Betabel balsámico al horno con cubierta de camote

Para mí, esta es una perfecta comida reconfortante, un verdadero deleite para el espíritu. El camote y el betabel son la pareja ideal, y la acidez del vinagre balsámico les da un equilibrio maravilloso.

4 PORCIONES

8 betabeles grandes crudos, pelados y cortados en gajos
4 cucharadas de aceite de oliva
2 cucharadas de vinagre balsámico
6 camotes grandes, pelados y cortados en dados gruesos
1½ cucharadas de mostaza a la antigua
½ cucharadita de maicena
sal de grano y pimienta negra
hojas de ensalada *baby*, para servir (opcional)

INGREDIENTE ESTRELLA:
El betabel ha ganado mucha popularidad en la actualidad, ¡y me agrada que así sea! Es maravilloso para la salud del corazón gracias a que contiene nitrato, el cual ayuda al cuerpo a producir óxido nítrico, que ensancha los vasos sanguíneos y reduce la presión en su interior.

Precaliente el horno a 200°C. Coloque los gajos de betabel en una charola para hornear, rocíe con aceite de oliva y 1 cucharada de vinagre balsámico, ase de 20 a 30 minutos, hasta que estén suaves y los bordes comiencen a caramelizarse.

Mientras tanto, coloque los camotes en dados en una cazuela, cubra con agua hirviendo y cocine a fuego lento de 10 a 14 minutos, o hasta que estén blandos. Escurra y regréselos a la cazuela. Agregue la mostaza, salpimiente y aplaste para formar un puré con la consistencia más fina posible.

Coloque el betabel asado en una charola para hornear, luego agregue 2 a 3 cucharadas de agua a la charola donde asó el betabel. Raspe bien para soltar los sabores y liberar cualquier trocito de betabel caramelizado que haya quedado. Añada la maicena y mezcle hasta que espese. Vierta el líquido sobre el betabel en la charola para hornear.

Cubra el betabel con el puré de camote y hornee por 15 minutos, o hasta que esté ligeramente dorado y crujiente. Sirva acompañado de una pequeña ensalada de hojas *baby*, si lo desea.

Inmuno-falafels con quínoa y *tahini*

Se trata de una versión más sana del típico falafel frito. El problema al freír es que cuando los aceites permanecen a altas temperaturas por mucho tiempo, desarrollan lo que se conoce como grasas trans, que son tóxicas y mucho peores para usted que cualquier otra grasa.

4 PORCIONES
200 g de quínoa
4 cucharaditas de consomé
1 cucharadita de canela
2 cucharadas de pasitas
2 cucharadas de almendras
25 g de perejil fresco, picado
2 latas de 400 g de garbanzos
4 dientes de ajo, machacados
2 cucharaditas de comino
1 cucharadita de semillas de
　cilantro molidas
1 cebolla morada, picada fino
2 huevos, ligeramente batidos
2 cucharadas de harina integral
1 cucharada de aceite de oliva
1½ cucharadas de *tahini*
½ limón amarillo, el jugo
sal marina y pimienta negra

COMBINACIÓN INGENIOSA:
El doble golpe del ajo antiviral y los garbanzos repletos de zinc, lo vuelven genial para la salud inmunitaria.

Coloque la quínoa en una olla con agua hirviendo, agregue el polvo de consomé y deje hervir a fuego lento por 20 minutos hasta que se suavice. Escurra y añada la canela, pasitas, almendras fileteadas y la mitad del perejil, removiendo.

En un procesador de alimentos meta los garbanzos, la mitad del ajo, el perejil sobrante, comino molido y cilantro y licue hasta obtener una pasta. Pase a un tazón, agregue las cebollas, huevo y harina, salpimiente y revuelva para formar una mezcla firme.

Precaliente el horno a 200°C y forre una charola para hornear con papel encerado. Forme pequeñas tortitas y fría con un poco de aceite de oliva de 2 a 3 minutos de cada lado, hasta que comiencen a ponerse crujientes. Transfiera las tortitas fritas a la charola preparada y hornee de 10 a 12 minutos.

Mientras tanto, prepare el aderezo batiendo el *tahini*, aceite de oliva, el ajo sobrante y jugo de limón; salpimiente. Sirva los falafels con la quínoa y el aderezo de *tahini*.

Penne con salsa antioxidante de pimientos y pimentón dulce

Un hermoso platillo lleno de sabor, es sencillo de preparar y está repleto de una amplia gama de compuestos y nutrientes potentes.

4 PORCIONES

4 pimientos rojos grandes, cortados en cubos
2 cebollas moradas pequeñas, picadas grueso
2 dientes de ajo, picados fino
200 g de jitomates *cherry*, cortados a la mitad
aceite de oliva, para rociar
1 cucharada de pimentón dulce ahumado (paprika)
300 g de *penne* integrales
100 g de queso feta, desmoronado (opcional)
sal de grano y pimienta negra

Precaliente el horno a 200°C. Coloque los pimientos, cebollas, ajo y jitomates en una bandeja para horno, rocíe con aceite de oliva, salpimiente y mezcle bien. Espolvoree encima el pimentón dulce ahumado, mezcle y ase de 20 a 25 minutos, removiendo varias veces hasta que los bordes de las verduras se hayan caramelizado ligeramente.

Ponga una olla grande con agua salada a hervir, agregue la pasta y cocine de 7 a 8 minutos, hasta que quede *al dente* (revise las instrucciones en el paquete).

Ponga las verduras asadas en una licuadora o procesador de alimentos y licue hasta obtener una suculenta salsa uniforme. Escurra la pasta, cubra con la salsa y sirva de inmediato, espolvoreándole encima el queso feta desmoronado, si así lo desea.

INGREDIENTE ESTRELLA: Los pimientos rojos poseen una gran variedad de nutrientes y compuestos activos, y unos de los más poderosos son los flavonoides, responsables de su color rojo oscuro; estos tienen actividades antiinflamatorias y antioxidantes. Así que, al escoger sus pimientos, cuanto más intenso sea el color, ¡más antioxidantes tendrán!

Estofado reconfortante de berenjena y lentejas verdes
Súper sustancioso y sano, no tiene nada malo. Estupendo para cuando muera de hambre, o para los días lluviosos y fríos cuando necesita algo caliente y reconfortante.

4 PORCIONES

aceite de oliva, para cocinar
2 cebollas moradas grandes, picadas fino
4 dientes de ajo, picados fino
2 latas de 400 g de lentejas verdes cocidas, escurridas
750 g de puré de jitomate
1½ cucharaditas de mezcla de hierbas secas
2 berenjenas, rebanadas
mozzarella bajo en grasa
sal marina de grano y pimienta negra

INGREDIENTE ESTRELLA:
Las lentejas son estupendas para la salud digestiva. A corto plazo, son una gran fuente de fibra y ayudan a mantener todo en movimiento. A la larga, estimulan la colonia bacteriana natural que vive en el sistema digestivo al proporcionar ciertos azúcares como fuente de alimento, haciendo que se reproduzcan y prosperen.

Caliente un poco de aceite de oliva en una olla grande, agregue las cebollas y ajos y cocine de 4 a 5 minutos hasta que se suavicen. Añada las lentejas, el puré, la mezcla de hierbas y cocine a fuego lento por 15 minutos, hasta obtener una salsa de jitomate espesa y apetitosa. Salpimiente.

Caliente un poco más de aceite de oliva en un sartén, agregue las rebanadas de berenjena y fría de 3 a 4 minutos, volteando con frecuencia, hasta que estén ligeramente traslúcidas. Salpimiente.

Precaliente el horno a 200°C. Comience a formar capas, colocando unas cuantas rebanadas de berenjena al fondo de un plato refractario. Cubra con una capa de la salsa de lentejas y jitomate, luego siga alternando las capas hasta utilizar todos los ingredientes. Coloque el queso *mozzarella* deshebrado encima y hornee por 10 minutos, hasta que esté burbujeante y derretido. Sirva caliente.

Garbanzos, espinaca y nuez de la India con comino y coco

Aunque es un platillo bastante simple, sus sabores inusuales lo vuelven estupendo para compartir, en especial si tiene invitados vegetarianos. Puede ser un platillo principal maravilloso o incluso una guarnición emocionante.

4 PORCIONES

aceite de oliva, para cocinar

2 cebollas grandes, picadas fino

4 dientes de ajo, picados fino

600 g de hojas de espinaca *baby*

2 latas de 400 g de garbanzos, escurridos

300 g de nueces de la India crudas

100 g de moras *goji*

1 cucharadita de comino molido

2 cucharadas de coco deshidratado

sal marina de grano y pimienta negra

Caliente un poco de aceite de oliva en un sartén, agregue las cebollas y ajo, cocine de 4 a 5 minutos. Añada la espinaca *baby* y cocine hasta que se suavice.

Agregue los garbanzos, nueces de la India, moras *goji* y el comino, cocine durante 3 minutos más. Salpimiente. En otro sartén tueste el coco de 1 a 2 minutos, hasta que quede ligeramente dorado. Espolvoree el coco sobre los garbanzos y sirva caliente. Es sensacional con una ensalada.

INGREDIENTE ESTRELLA: El comino se ha utilizado en la medicina herbal desde hace siglos como carminativo, eso quiere decir que alivia el malestar digestivo, gases e hinchazón. También contiene varios compuestos antiinflamatorios y analgésicos, que pueden ayudar a mitigar la inflamación residual en el tracto digestivo.

Radiantes hamburguesas de frijol con col morada y manzana

Este platillo no solo es apto para *barbecues* vegetarianos. Una buena hamburguesa puede ser muy sabrosa, con sus especias y su deliciosa ensalada de col. Esta es muy especial.

4 PORCIONES

2 latas de 400 g de mezcla de frijoles, escurridos
150 g de pan integral molido
3 cucharaditas de pasta de curry de Madrás
2 huevos, ligeramente batidos
1 manojo grande de cilantro fresco, picado grueso
2 manzanas grandes, descorazonadas y ralladas
1 col morada pequeña, rallada
300 g de yogur con probióticos vivos
2 cucharaditas de semillas de mostaza
4 bollos integrales para hamburguesa, tostados (opcional)
sal marina de grano y pimienta

Coloque los frijoles en un tazón y macháquelos toscamente con un pasapuré o un tenedor firme. Agregue el pan molido, la pasta de curry, huevos y cilantro, salpimiente y mezcle bien.

Precaliente la parrilla del horno a temperatura alta y forre una charola para hornear con papel aluminio. Forme 4 tortitas de hamburguesa con la mezcla de frijoles, colóquelos en la charola para hornear bajo la parrilla caliente. Hornee de 10 a 14 minutos, volteando con frecuencia hasta que estén crujientes y dorados.

Mientras tanto, prepare una ensalada mezclando la manzana y la col con el yogur y las semillas de mostaza, salpimiente. Sirva las hamburguesas con la ensalada de manzana y col.

INGREDIENTE ESTRELLA: La col morada está repleta de antocianinas, que son las responsables de su color púrpura, y se ha demostrado que fortalecen y estimulan la relajación de las paredes de los vasos sanguíneos, reduciendo la hipertensión. También es rica en glucosinolatos y, aunque soy ultra cuidadoso cuando se trata de los riesgos o beneficios de ciertos alimentos para el cáncer, hay evidencia de que los glucosinolatos pueden ofrecer alguna protección contra ciertas formas de cáncer.

Estofado de frijoles blancos y calabaza de invierno

Un divino y sustancioso calentador invernal, además tiene un IG bajo y pocas calorías. Normalmente me como un tazón de esto así solo, o algunas veces lo acompaño con una ensalada.

4 PORCIONES

aceite de oliva, para cocinar

2 cebollas moradas grandes, picadas fino

2 dientes de ajo, picados fino

2 cucharadas de pasta de miso

2 latas de 400 gr de alubias, escurridas

2 latas de 400 g de frijoles *cannellini*, escurridos

1 calabaza de invierno grande, como la *butternut* (o mantequilla), sin semillas y cortada en cubos gruesos, con la cáscara*

1 litro de caldo de verduras ligero

sal marina de grano y pimienta negra

* puede reemplazarla por calabaza de Castilla, pero sin cáscara.

Caliente un poco de aceite de oliva en un sartén, añada las cebollas y ajos y cocine de 4 a 5 minutos, hasta que se suavicen. Agregue la pasta de miso, removiendo, así como los frijoles y calabaza picada. Añada un poco de caldo de verduras y cocine a fuego lento. A medida que se vaya reduciendo el caldo, vuélvalo a llenar.

Deje hirviendo a fuego lento hasta que la calabaza esté muy suave, unos 30 minutos. Debe tener el líquido suficiente para generar un estofado espeso. Agregue el caldo poco a poco para que el almidón de los frijoles brinde esta consistencia; si agrega demasiado, quedará muy líquido. Salpimiente y sirva.

INGREDIENTE ESTRELLA: La calabaza puede ser una verdadera fuente de poder para la nutrición, en especial las variedades de pulpa amarilla y naranja, ya que son ricas en carotenoides como el betacaroteno, que ofrecen actividades antiinflamatorias y antioxidantes, en particular para la piel. También son ricas en vitaminas B y fibra.

Risotto de cebada para un paso ágil

Soy un verdadero fan del *risotto*, y adoro sustituir el clásico arroz arborio con cebada perla. No solo le ofrece otra consistencia, sino que aumenta su perfil nutricional. Cocinarlo toma más tiempo que el *risotto* normal, pero vale la pena.

4 PORCIONES
aceite de oliva, para cocinar
2 cebollas, picadas fino
4 dientes de ajo, picados fino
500 g de champiñones,
    rebanados
500 g de cebada perla
750 ml a 1.5 litros de caldo
    de verduras
6 hojas grandes de acelga,
    troceadas
8 cebollitas, rebanadas
2 cucharadas de queso
    parmesano rallado
sal marina de grano y pimienta
    negra

Caliente un poco de aceite de oliva en una olla grande, incorpore las cebollas y ajos y cocine de 4 a 5 minutos hasta que se suavicen. Agregue los champiñones y cocine por 5 minutos más.

Añada la cebada perla y 200 ml de caldo de verduras. Cocine removiendo hasta que se absorba casi todo el líquido y siga agregando caldo como si preparara un *risotto* normal.

Siga cocinando hasta que se suavice la cebada y el platillo tenga una consistencia cremosa. En este momento, salpimiente, agregue las acelgas y siga cocinando hasta que se suavicen. Finalmente añada las cebollitas, el queso parmesano y un poco más de caldo, removiendo, y sirva.

INGREDIENTE ESTRELLA: La cebada perla es una nueva aliada para bajar el colesterol. Contiene un compuesto llamado ácido propanoico, comprobado en estudios animales que reduce una enzima llamada HMG-CoA reductasa, la cual sintetiza el colesterol. Su alto contenido de fibra ayuda a eliminar el colesterol a través de los intestinos.

Bacalao «anti-estrés» al pesto con puré verde de frijoles Tiene un sabor increíble: fresco, sano y rebosante de nutrientes. Le proporciona proteína fácil de digerir, fibra, toneladas de minerales... ah, y además se ve impresionante.

4 PORCIONES

4 filetes de bacalao sin piel
2 latas de 400 g de habas, escurridas
aceite de oliva, para cocinar
1 cebolla, picada fino
6 cucharadas de pan molido
2 cucharadas de pesto verde
1 manojo grande de perejil fresco, picado grueso
2 cucharadas de aceitunas verdes picadas
sal marina de grano y pimienta negra

INGREDIENTE ESTRELLA:
El perejil contiene un grupo único de aceites esenciales que tienen una función diurética, aumentando el volumen de orina. Se utilizaba por los herbolarios para reducir la retención de agua.

Precaliente el horno a 200°C y forre una charola para hornear con papel aluminio. Hornee los filetes de bacalao de 8 a 10 minutos en la charola, casi hasta que estén cocidos.

Mientras tanto, coloque las habas en un cazo pequeño y cubra con agua hirviendo. Deje hervir a fuego lento por 5 minutos para calentarlas y ablandarlas ligeramente, luego escurra. En otro cazo caliente un poco de aceite de oliva, añada la cebolla y cocine a fuego lento de 4 a 5 minutos hasta que se suavice.

Mezcle el pan molido con el pesto. Retire el bacalao del horno y cubra con esta mezcla de pesto. Vuelva a meter al horno otros 5 o 6 minutos.

Ahora ponga las habas escurridas en la olla junto con la cebolla cocida y el perejil, después machaque para obtener un puré tosco. Añada las aceitunas picadas y salpimiente. Para servir, coloque una porción grande de puré en el centro del plato y acomode encima el filete de bacalao.

Bacalao siciliano con espinaca

Un platillo adorable y ligero que rebosa de alegres sabores, perfecto para el verano. Fresco, vibrante, sano: buena comida en su máxima expresión.

4 PORCIONES

aceite de oliva, para cocinar

3 cebollas moradas, picadas fino

4 dientes de ajo, picados fino

2 latas de 400 g de jitomates

6 cucharadas de aceitunas negras picadas

6 ramitos de orégano fresco

4 filetes de bacalao medianos

1 limón amarillo, el jugo, más unos gajos para servir

200 g de espinaca *baby*

sal marina de grano y pimienta negra

COMBINACIÓN INGENIOSA:
La combinación de cebollas, ajos y jitomates es un poderoso golpe triple cuando se trata de salud cardiaca. Las cebollas son ricas en flavonoides que protegen al recubrimiento interior de los vasos sanguíneos, el ajo contiene el anticoagulante ajoene y los jitomates son ricos en carotenoides antiinflamatorios.

Caliente un poco de aceite de oliva en un sartén, agregue las cebollas y ajo y cocine de 4 a 5 minutos hasta que se suavicen. Incorpore los jitomates picados, aceitunas y orégano troceado, salpimiente. Deje hervir a fuego lento unos 10 minutos, hasta que se forme una espesa y rica salsa de jitomate.

Precaliente el horno a 200°C y forre una charola para hornear con papel aluminio. Coloque el bacalao en la charola, exprima la mitad del jugo de limón encima y salpimiente. Hornee de 15 a 20 minutos hasta que esté apenas cocido.

Mientras tanto, meta la espinaca en una vaporera y deje cocer hasta que se suavice.

Acomode la espinaca en el centro del plato, con el filete de bacalao encima y báñelo con la salsa. Rocíe encima un poco de aceite de oliva y sirva con gajos de limón.

Bacalao al curry de coco con *basmati* integral frito

Una gran receta para un sábado lluvioso, cuando puede tomarse un tiempo en la cocina y disfrutar de maravillosos aromas y texturas.

4 PORCIONES

aceite de oliva, para cocinar
1 cebolla, rallada
2 cucharaditas de jengibre fresco, rallado
2 chiles rojos, picados fino, con las semillas
4 dientes de ajo, picados fino
2 jitomates grandes, picados muy fino, reservando todo el jugo
2 cucharaditas de *garam masala* (combinación de especias de India)
½ cucharadita de comino entero
1 cucharadita de canela
400 ml de leche de coco
200 ml de caldo de verduras
4 filetes de bacalao grandes
240 g de arroz integral *basmati*
1 cebolla morada, picada fino
½ cucharadita de cúrcuma
100 g de chícharos
sal marina de grano y pimienta negra

Caliente un poco de aceite de oliva en un sartén, ponga la cebolla, jengibre, chiles y ajos y cocine de 4 a 5 minutos, hasta que se forme una pasta oscura. Agregue los jitomates y el jugo que reservó y cocine por 5 minutos. Incorpore el comino, *garam masala* y canela y cocine durante 2 minutos más. Añada la leche de coco y el caldo, lleve al hervor e incorpore el bacalao. Hierva a fuego medio de 4 a 5 minutos, o hasta que el bacalao esté completamente cocido. Salpimiente.

Mientras tanto, cubra el arroz con agua hirviendo y cocine a fuego lento por 20 minutos, o hasta que esté apenas cocido. Escurra bien. Caliente un poco de aceite de oliva en un sartén, agregue la cebolla y cocine de 4 a 5 minutos, hasta que se suavice. Añada la cúrcuma, los chícharos y cocine por 3 minutos más. Agregue el arroz cocido, salpimiente y remueva bien.

Coloque una montañita de arroz en el centro de cada plato. Acomode el bacalao encima, cubra con la salsa de curry y sirva de inmediato.

INGREDIENTE ESTRELLA: El *basmati* integral está en la cima de la lista de los arroces; tiene el menor impacto glucémico, así que mantiene lento el azúcar en sangre, ayudando a estabilizar los niveles de energía y a frenar la inflamación.

Nasi goreng nutritivo

Lo maravilloso de este espléndido platillo indonesio de arroz, es que puede echarle lo que quiera a la olla. Es una excelente forma de aprovechar pollo o mariscos que sobraron del día anterior, o cualquier tipo de verdura.

4 PORCIONES

250 g de arroz integral

4 huevos

aceite de oliva, para cocinar

3 echalotes, picados fino

3 dientes de ajo, picados fino

3 cebollitas, picadas grueso

1 chile rojo, rebanado, con las semillas

300 g de langostinos crudos, pelados

3 cucharadas de salsa de soya

2 cucharadas de salsa de chile y frijol (*dou ban jiang*)

1 puñado de cacahuates salados

Cubra el arroz con agua hirviendo y cocine a fuego lento durante 20 minutos, hasta que apenas esté suave. Escurra y reserve.

Quiebre los huevos en un tazón y bátalos ligeramente. Ponga un pequeño sartén a fuego medio; agregue los huevos y cocínelos como si fuera a preparar huevos revueltos, reserve.

Caliente aceite de oliva en otro sartén, agregue los echalotes, ajos, cebollitas y chile y cocine de 4 a 5 minutos, hasta que se ablanden y se vuelvan traslúcidos. Incorpore los langostinos y cocine de 5 a 7 minutos, hasta que estén cocidos. Añada el arroz, removiendo hasta incorporar.

Rocíe la salsa de soya y la de frijol y chile, después el huevo, incorporándolo con cuidado. Sirva de inmediato, aderezando con los cacahuates

COMBINACIÓN INGENIOSA: La proteína y carbohidratos complejos del huevo y del arroz integral funcionan juntos, respectivamente, y ayudan con la resistencia a la insulina, la diabetes tipo 2 y el control de peso.

Pay de pescado reconfortante

Me encanta un buen pay de pescado. Desafortunadamente, la versión tradicional puede ser un poquito, digamos, llenadora. Esta es una versión más ligera con un valor nutricional extra. Si recurre a una mezcla de pescados para pay lista para usarse, será mucho más fácil.

4 PORCIONES
5 camotes grandes, pelados
aceite de oliva, para cocinar
1 cebolla, picada fino
2 dientes de ajo, picados fino
400 g de queso crema
200 ml de caldo de verduras
1 cucharada de mostaza
   a la antigua
600 g de mezcla de pescado
   para pay
10 g de eneldo fresco
sal marina y pimienta negra

INGREDIENTE ESTRELLA:
Los camotes están repletos de betacaroteno, que les da su brillante color anaranjado. Es un antioxidante soluble en grasa, muy bueno para la piel, protegiendo al colágeno de daños y reduciendo la inflamación y el enrojecimiento.

Coloque los camotes cortados en trozos grandes en una cazuela y cubra con agua salada hirviendo. Cocine a fuego lento por 20 minutos hasta que estén muy suaves.

Mientras tanto, precaliente el horno a 200°C. Caliente un poco de aceite de oliva en una cacerola, agregue la cebolla y ajos y cocine de 4 a 5 minutos, hasta que se suavicen. Añada el queso crema bajo en grasa, caldo de pollo y mostaza y cocine a fuego medio, removiendo, hasta que se derrita el queso. Integre la mezcla de pescado y deje hervir a fuego lento por 10 minutos, hasta que el pescado esté casi cocido. Ponga el eneldo picado grueso, salpimiente y mezcle bien.

Transfiera la mezcla de pescado a un refractario. Escurra y machaque el camote hasta que quede un puré uniforme, después salpimiente. Cubra el pescado con el puré de camote y hornee alrededor de 15 minutos, hasta que la salsa esté burbujeando y la superficie del puré comience a lucir crujiente. Sirva de inmediato con una ensalada verde, o col rizada, brócoli o espárragos al vapor.

Hamburguesas de salmón al curry verde con quínoa y *edamame*

Destilan sofisticación, lucen impresionantes y son estupendas para las fiestas; además, sepa que le harán mucho bien. Los frijoles *edamame* congelados están disponibles en la mayoría de los supermercados (a veces se llaman frijoles tiernos de soya).

4 PORCIONES

4 filetes de salmón sin piel
2 dientes de ajo, picados fino
1 a 2 cucharadas de pasta tailandesa de curry verde
2 limones, el jugo, más unos gajos para servir
200 g de quínoa
150 g de frijoles *edamame*, descongelados
1 manojo grande de cilantro fresco, picado grueso, y un poco más para decorar
aceite de oliva, para freír
sal de grano y pimienta negra

INGREDIENTE ESTRELLA:
El cilantro contiene aceites esenciales que pueden aliviar la hinchazón y los gases. Algunos experimentos hechos en animales también sugieren que los compuestos del cilantro podrían ayudar a estimular la liberación de insulina.

Meta el salmón en cubos, ajo, pasta de curry y la mitad del jugo de limón en un procesador de alimentos. Sazone con sal y procese hasta obtener una consistencia uniforme como de carne molida. Retire la mezcla y con sus manos forme 4 tortitas de hamburguesa. Guarde en el refrigerador para que queden ligeramente más firmes.

Mientras tanto, coloque la quínoa en un cazo, cubra con agua hirviendo y cocine a fuego lento de 10 a 15 minutos, o hasta que esté ligeramente suave. Escurra la quínoa y agregue los frijoles *edamame*, el jugo de limón sobrante, el cilantro picado y salpimiente. Mezcle bien y reserve.

Caliente un poco de aceite de oliva en un sartén, agregue las hamburguesas de salmón y fría alrededor de 5 minutos por cada lado.

Ponga un poco de quínoa en el centro de cada plato (puede usar un molde de aro si lo desea). Acomode la hamburguesa encima y acompañe con un ramito de cilantro y un gajo de limón. Sirva con una ensalada verde, brócoli cocido o ensalada de col.

Salmón cítrico con *pak choi* al ajo

La combinación de cítricos, ajo y soya, me recuerdan a mis viejos platillos favoritos para llevar, pero esta receta es súper sabrosa y saludable.

4 PORCIONES

aceite de oliva, para cocinar
1 cebolla, picada fino
4 ajos, picados fino
3 naranjas, el jugo
1 limón, el jugo
2 cucharaditas de ralladura de
   limón
4 filetes de salmón
500 g de *pak choi* (col china)
4 cucharaditas de salsa de soya
2 cucharaditas de miel líquida
sal marina y pimienta negra

INGREDIENTE ESTRELLA:
Los cítricos son famosos por su vitamina C, pero no contienen tanta y las cantidades pueden variar. Sin embargo, los flavonoides son otro grupo de compuestos que se encuentra en abundancia aquí. Son fantásticos para la salud general del sistema cardiovascular, pues fortalecen el recubrimiento interno de los vasos sanguíneos, volviéndolos más resistentes a los daños.

Precaliente el horno a 200°C y forre una charola para hornear con papel aluminio. Caliente un poco de aceite de oliva en una olla pequeña, agregue la cebolla, uno de los dientes de ajo y cocine de 4 a 5 minutos, hasta que apenas se suavicen. Añada el jugo de naranja y limón y la ralladura, hierva a fuego lento hasta que se reduzca a la mitad y obtenga una consistencia espesa. Salpimiente.

Coloque los filetes de salmón en la charola para hornear y hornee de 15 a 20 minutos hasta que estén apenas cocidos.

Agregue un poco de aceite de oliva en otro sartén, luego las hojas de *pak choi* y sofría removiendo por unos 2 minutos. Incorpore los ajos restantes, salsa de soya y miel y siga cocinado otros 2 minutos. Coloque la *pak choi* salteada en el centro de un plato, acomode encima un filete de salmón y cubra con la salsa de cítricos. Sirva de inmediato con unas papitas de cambray trituradas, si gusta.

Curry de pollo «anticolesterol»

¿A quién no le encanta un buen curry? Este platillo se volverá una cena familiar favorita, o un platillo para compartir con amigos; una maravilla en una sola olla. Puede cambiar el pollo por pescado, mariscos o tofu.

4 PORCIONES
aceite de oliva, para cocinar
2 cebollas moradas grandes, picadas fino
6 dientes de ajo, picados fino
400 g de lentejas rojas
800 ml de caldo de pollo
6 pechugas de pollo sin piel, cortadas en trozos tamaño bocado
2 a 3 cucharadas de pasta de curry de Madrás (o uno menos picante)
300 g de hojas de espinaca *baby*
sal marina de grano y pimienta negra
yogur espeso con probióticos vivos, para servir (opcional)

Caliente un poco de aceite de oliva en una cazuela, agregue las cebollas y ajos y cocine de 4 a 5 minutos, hasta que se suavicen. Añada las lentejas y un poco de caldo, cocine a fuego lento. Agregue poco a poco pequeñas cantidades de caldo mientras se cocinan y ablandan las lentejas, como si preparara un *risotto*.

Una vez que empiecen a ablandarse y deshacerse las lentejas, incorpore la pasta de curry, el pollo y remueva. Siga cocinando a fuego lento, añadiendo el caldo hasta que el pollo esté bien cocido.

Agregue la espinaca *baby* al último minuto, salpimiente y remueva hasta que se suavicen. Sirva con una cucharada de yogur, si gusta.

INGREDIENTE ESTRELLA: ¿Alguna vez ha notado cómo se deshacen las lentejas cuando las cocina? Eso es porque son muy ricas en fibra soluble, que es estupenda para bajar el colesterol. Lo hace al enlazarse al colesterol en el intestino, eliminándolo antes de que se absorba.

Pollo y feta pro calcio
Un platillo ligero y repleto de proteínas, estupendo para servir en una velada, o simplemente para un almuerzo tranquilo el fin de semana. La combinación de espinaca, eneldo y feta le hará planear unas vacaciones en Grecia.

4 PORCIONES
500 g de espinaca *baby*
4 pechugas de pollo grandes
2 cucharadas de queso *ricotta*
15 g de eneldo fresco
100 g de queso feta
sal marina de grano y pimienta
  negra

COMBINACIÓN INGENIOSA:
Estos ingredientes crean un platillo casi perfecto para la salud ósea y del esqueleto en general. El feta, como todos los quesos, es una buena fuente de calcio, pero el calcio solo no es suficiente para huesos saludables. Necesitamos magnesio, silicio, boro y vitamina D para asimilar el calcio en los huesos. ¡Esta receta proporciona calcio, magnesio y vitamina D en un solo plato!

Precaliente el horno a 200°C. Coloque la espinaca en una vaporera y cocine por unos cuantos minutos hasta que se suavice. Ponga en un escurridor, exprima para sacar toda el agua, después píquela muy fino.

Mientras tanto, tome las pechugas de pollo deshuesadas y despacio pase su dedo por el interior de la piel, separándola de la pechuga, creando una bolsita. Asegúrese de que la piel quede pegada al pollo.

Transfiera la espinaca a un tazón con la *ricotta* y eneldo picado grueso, y salpimiente. Mezcle bien. Añada el queso feta desmoronado y revuelva poco a poco.

Rellene el espacio entre la piel de pollo y la pechuga con la mezcla de espinaca y feta. Coloque el pollo en una bandeja para asar y hornee alrededor de 20 minutos, o hasta que el pollo esté cocido. Sirva con ensalada de jitomate y pepino o con papas de cambray cocidas, si gusta.

¿Se le antoja una versión ligeramente ajustada de un clásico del verano? La sangría es estupenda para fiestas y si se prepara de este modo, puede además ser fuente de compuestos muy potentes y saludables. Necesitamos tener diversión en la vida, y con un poco de creatividad sacamos doble provecho: divertirnos y hacer algo bueno por nuestro cuerpo

BUENO PARA:
Salud cardiovascular

BUENO PARA:
Recubrimiento de los vasos sanguíneos, reducir la oxidación del colesterol

Sangría elegante

3 A 4 PORCIONES
300 ml de vino tinto
200 ml de jugo de naranja
100 ml de jugo de granada
1 naranja grande, rebanada
cubitos de hielo
menta fresca, para servir (opcional)

Mezcle el vino y los jugos en una jarra grande, agregue la naranja rebanada y meta al refrigerador antes de agregar el hielo. Añada hojas de menta fresca, antes de servir, si así lo desea.

INGREDIENTE ESTRELLA: Al vino tinto se le ha relacionado desde hace mucho con beneficios para la salud cardiovascular. Uno de los componentes clave que participan en ello es el resveratrol, que ayuda a darle el color al vino. Esto aumenta la producción de óxido nítrico por los vasos sanguíneos, lo que hace que se relajen y se reduzca la presión de su interior. Se cree que el resveratrol también reduce la oxidación del colesterol malo (LDL) y la coagulación excesiva.

Azul profundo

1 PORCIÓN
1 bolsita de té verde
150 ml de moras azules congeladas
1 cucharadita de miel líquida
75 ml de vodka

Prepare una infusión de té verde con 150 ml de agua hirviendo como si fuera una taza de té. Deje enfriar.

Meta las moras azules, té frío, miel y vodka en una licuadora y licue hasta obtener un *smoothie* espeso, increíble y atrevido.

INGREDIENTE ESTRELLA: Las moras azules contienen un potente grupo de compuestos llamados antocianinas, que también se encuentran en el vino tinto. Se cree que ofrecen protección contra la oxidación del colesterol malo (LDL), y también protegen de daños al recubrimiento interior de los vasos sanguíneos.

Spritzer de uva y pepino para estremecer la piel
Una encantadora bebida para el verano que acompaña cualquier día de campo. Se necesita un extractor de jugos; uno básico está bien.

6 PORCIONES

500 g de uvas blancas
    sin semilla
2 pepinos
1 botella de *Prosecco* (vino
    blanco espumoso)

Pase las uvas y pepinos por el extractor de jugos y mezcle. Enfríe en el refrigerador.

Llene una copa de champaña a la mitad con el jugo y termine de llenar con *Prosecco*.

INGREDIENTE ESTRELLA: Los pepinos a menudo se consideran algo aburridos en términos de valor nutricional; sin embargo, son una de las pocas fuentes dietéticas decentes para el silicio, un mineral que es importante para tener una piel suave y saludable. De hecho, el silicio es responsable de la cáscara brillante del pepino. También contienen algunos flavonoides, compuestos antiinflamatorios.

Tentaciones saludables

Los postres y golosinas pueden ser un asunto difícil para quienes queremos comer saludable y tratamos de no portarnos mal tan seguido. Es como si todas las cosas que nos gustan nos hicieran daño y nos preocupamos por las llantitas en la cintura después de un solo bocado.

Sin embargo, creo firmemente que no hay que ser un mártir de la salud. Deberíamos de obtener placer e indulgencia de nuestra comida. ¿Por qué rayos no? La comida es un regalo y debe disfrutarse. La clave es ponerse creativo con la manera en que preparamos nuestros manjares y postres, y ser inteligentes sobre los ingredientes que escogemos. Hay un montón de dulces y postres para verdaderos sibaritas, que irán de maravilla con la familia y amigos.

BUENO PARA: Eczema y salud de la piel, colesterol alto, salud digestiva y estimular la energía

Crumble de aguacate, limón y coco

Un postrecito divinamente refrescante y muy virtuoso. ¡Un bocadillo libre de culpa para cualquier hora del día!

4 PORCIONES

2 aguacates muy grandes
   y muy maduros

2 limones, el jugo y la ralladura

3 cucharadas de aceite de coco,
   derretido

3 cucharaditas de miel o jarabe
   de agave

1 cucharadita de coco
   deshidratado

8 galletas de avena bajas
   en azúcar

4 cucharaditas de semillas
   de linaza

Con una cuchara saque la pulpa de los aguacates y póngala en un tazón. Agregue el jugo de limón, aceite de coco, miel, la mitad del coco deshidratado y machaque bien hasta que quede uniforme (si prefiere puede licuar).

Con una cuchara sirva la mezcla en 4 vasitos, asegurándose de dejar un espacio de por lo menos 2 cm encima. Refrigere de 2 a 4 horas.

Cuando esté listo para servir, desmorone las galletas y espárzalas encima de cada vasito junto con el coco reservado, la ralladura de limón y unas semillas de linaza para hacer una capa crujiente. Sirva de inmediato.

COMBINACIÓN INGENIOSA: Los ingredientes se unen para transformarse básicamente en un suplemento de ácidos grasos esenciales. El aceite de coco es rico en triglicéridos de cadena media; los aguacates son ricos en omega 3, 6 y 9; la linaza contiene ALA omega 3.

Pannacotta de coco

Recuerdo la primera vez que probé una *pannacotta* de vainilla, ¡fue como un torbellino celestial de chocolate blanco! Pero los kilos de crema, azúcar y gelatina no lo hacen el postre más sano. Así que aquí va una versión mejorada.

PARA PREPARAR 4 PANNACOTTA PEQUEÑAS O 2 GRANDES

1 cucharada de agar-agar*
400 ml de leche de coco
1 vaina de vainilla
1 cucharada de stevia, o al gusto (véase abajo)
coco deshidratado tostado, para servir (opcional)
frambuesas frescas, para servir (opcional)

Disuelva el agar-agar en 2 cucharadas de agua (revise las instrucciones en el paquete). Vierta la leche de coco en una cazuela. Corte la vaina de vainilla a la mitad y con la parte de atrás del cuchillo raspe para sacar las semillas y agréguelas a la leche de coco junto con la stevia. Ponga al fuego la cazuela a temperatura media. Cocine, revolviendo constantemente durante 6 minutos. Añada la mezcla de agar-agar y siga revolviendo otros 2 o 3 minutos.

Vierta en moldes individuales. Refrigere de 4 a 6 horas. Sirva solas o con el coco tostado y frambuesas encima, si lo desea.

INGREDIENTE ESTRELLA: La stevia es un endulzante que proviene de una planta y es verdaderamente benigno. Muchos de los supuestos edulcorantes sanos dicen que son inofensivos, pero disparan los niveles de azúcar en sangre hasta el cielo. La stevia no influye sobre el azúcar en sangre, lo que significa que podemos disfrutar la dulzura sin comprometer nuestra salud. Varía la dulzura según la marca, así que ajuste la cantidad según corresponda.

* puede reemplazarlo por grenetina, pero recuerde que esta contiene proteína animal, a diferencia del agar-agar que proviene de las algas.

Paletas heladas de moras azules y coco

La cantidad de azúcar e ingredientes que tienen las paletas compradas en las tiendas es una locura. Estas son limpias, sencillas, ricas en nutrientes y tienen un sabor delicioso. Son perfectas para un dulce premio durante un cálido día de verano.

PARA PREPARAR 6

300 g de moras azules
400 ml de leche de coco
150 g de yogur con probióticos vivos
1 cucharada de miel líquida
¼ de limón, el jugo

Coloque los ingredientes en la licuadora y procese para obtener un puré homogéneo. Vierta en los moldes para paletas, agregue palitos y congélelas toda la noche.

INGREDIENTE ESTRELLA: Muchos hemos escuchado que el coco contiene grasas saturadas, pero decir que toda la grasa saturada hace daño es como decir que todos los autos son plateados; de hecho, varían y las grasas del coco son triglicéridos de cadena media (TCM); las enzimas que secreta el recubrimiento de los vasos sanguíneos los descomponen muy rápido y se pueden utilizar como una fuente eficiente de energía. Eso significa que es muy poco probable que el cuerpo las almacene o causen algún problema en el sistema cardiovascular.

Tarta de camote
Podrá sonar rara, pero es tradicional durante el día de Acción de Gracias. Preparé una versión para usted, de sabor celestial, pero mucho más saludable que la clásica. ¡Trate de prepararla la próxima vez que invite a sus amigos a cenar!

6 PORCIONES

60 g de aceite de coco
2 camotes (batatas) grandes
120 g de nueces mixtas
120 g de hojuelas de avena
230 g de harina integral
2 cucharadas de miel de maple
  o jarabe de agave
170 ml de leche de almendra
50 g de stevia (ver página 145)
3 cucharadas de maicena
1 cucharadita de nuez moscada
1 cucharadita de canela
1 pizca de chile en polvo

INGREDIENTE ESTRELLA:
El intenso color anaranjado de la pulpa del camote viene del betacaroteno, que ofrece actividades antioxidantes y antiinflamatorias localizadas. También son ricos en fibra y sus azúcares estimulan el crecimiento de las bacterias buenas en los intestinos.

Precaliente el horno a 200°C y engrase con aceite de coco un molde para hornear redondo o uno para preparar tartas de 23cm. Deje los camotes en el horno durante 1 hora, o hasta que estén suaves por completo. Una vez horneados, con una cuchara saque toda la pulpa y reserve para que se enfríe. Baje la temperatura del horno a 190°C.

Mientras tanto, derrita el aceite de coco en una cazuela a temperatura muy baja. Mezcle las nueces trituradas, avena, harina, aceite de coco derretido y miel de maple juntos en un tazón para formar una textura parecida a una masa que se desmorona, como en un *crumble*.

Presione la mezcla en el molde para tarta preparado y hornee durante 25 minutos, o hasta que esté bien dorada. Retire y enfríe.

Mezcle la pulpa de camote, leche de almendras, stevia, maicena y especias y bata vigorosamente con una cuchara de madera para crear una mezcla uniforme. Rellene la base horneada con esta mezcla y coloque en el horno por otra hora más. Deje enfriar por completo antes de servir.

Trifles de moras y tofu

Lo sé, lo sé, ponerle tofu a un postre suena tan atractivo como leer el directorio telefónico bajo la lluvia. ¡Pero téngame un poco de fe! El suave tofu es una base cremosa ideal para cualquier sabor que guste agregar.

4 PORCIONES

1 bloque de tofu suave
  (unos 350 g)
300 g de moras azules frescas
300 g de frambuesas frescas
1 cucharada de stevia
  (ver página 145)
1 cucharada de miel líquida,
  para rociar

Coloque el tofu, la mitad de las moras, la mitad de las frambuesas y la stevia en una licuadora y licue hasta obtener una cremosa mezcla de color púrpura oscuro.

Tome un vaso alto o tazón, y empiece a formar capas; coloque una capa de moras azules y frambuesas hasta abajo. Añada una capa de la mezcla cremosa de tofu y moras encima, repita hasta llenar el vaso. Refrigere y sirva con miel.

INGREDIENTE ESTRELLA: Si uno comiera el tofu en la presentación que viene sabría como el borrador mojado de un lápiz. Sin embargo, nos permite crear consistencias que normalmente se logran solo con los ingredientes que más daño hacen; es cremoso, sin tener grasas trans ni azúcar. Es una fuente razonable de proteína y además contiene mucho calcio.

Fenomenal tarta de moras

Un maravilloso postre que me recuerda a una versión irresistible de una *pâtisserie* muy conocida en Londres. Es fresco, vibrante, agridulce, fácil de preparar y, lo mejor de todo, rebosante de nutrientes.

4 PORCIONES

80 ml de aceite de oliva, y un
  poco más para engrasar
230 g de hojuelas de avena
1 cucharadita de canela
2 cucharadas de miel de maple
60 g de almendras
60 g de nueces de Castilla
230 g de harina integral
200 g de moras azules frescas
200 g de zarzamoras frescas
2 cucharaditas de stevia
yogur espeso con probióticos
  vivos, para servir

INGREDIENTE ESTRELLA:

Las bayas moradas son sanas gracias a las antocianinas que generan su color púrpura; son estupendas para la circulación. Las antocianinas son retomadas por las células que forran los vasos sanguíneos alentándolas a producir óxido nítrico, que ayuda a las paredes de los vasos sanguíneos a relajarse y reducir la presión.

Caliente el horno a 200°C y engrase un molde para tarta de 23cm con aceite de oliva. Para preparar la pasta de la tarta, coloque la avena, almendras y nueces en una licuadora o procesador de alimentos y licue hasta obtener una textura tosca y harinosa. Agregue la harina, canela, aceite de oliva y miel de maple para formar una masa suave. Presiónela en la base del molde. Hornee durante 20 minutos, o hasta que esté bien dorada y firme. Reserve y deje enfriar.

Mientras tanto, coloque las moras azules y zarzamoras en una cazuela junto con 2 cucharadas de agua y stevia. Hierva a fuego medio de 30 a 40 minutos. Este hervor suave y constante hará que la fruta se deshaga y comience a formar una textura como de mermelada, sin necesidad de agregar algo para espesar. Con cuidado vierta el relleno sobre la base fría de la tarta y refrigere por 4 horas. Sirva con una buena cucharada de yogur al lado.

Para descansar

Comer un bocadillo antes de ir a la cama tiene un factor de confort y bienestar, aunque también tiene una función importante; sabemos que ciertas comidas pueden afectar la química del cerebro: algunas nos pueden ayudar a relajarnos, mientras que otras nos hacen sentir estimulados y nerviosos. Si le gusta comer un bocadillo antes de dormir, elija alimentos que le ayuden a descansar y evite los que le mantengan despierto hasta altas horas de la noche, esto le ayudará a tener un sueño reparador. Hay que evitar a toda costa bocadillos dulces que hacen que el azúcar en sangre se dispare, pues no lo necesita a esa hora del día.

Infusión para dormir Lo noqueará en minutos. Puede encontrar la valeriana en su tienda naturista más cercana.

1 PORCIÓN
1 taza de leche de vaca
1 bolsita de té de manzanilla
2 cucharaditas de polvo
   de cacao
20 gotas de tintura
   de valeriana

Vierta la leche en una olla, agregue la bolsa de té y hierva a fuego lento de 8 a 10 minutos para preparar una cremosa infusión de manzanilla.

Coloque el polvo de cacao en la taza y mezcle con un poco de agua para formar una pasta espesa.

Retire la bolsa de té de la leche, exprímala. Añada la tintura de valeriana y vierta la leche caliente en la taza, revolviendo bien para mezclarla con la pasta de cacao. Tómela 10 minutos antes de ir a la cama.

COMBINACIÓN INGENIOSA: Este es un coctel de ingredientes poderosos que ayudan a estimular el sueño de varias maneras. El contenido de calcio de la leche puede tener un efecto calmante sobre el sistema nervioso central y su lactosa puede liberar endorfinas. También es rico en el aminoácido triptófano, que a su vez se convierte en serotonina, el neurotransmisor que, entre otras cosas, regula el reloj corporal. La manzanilla y la valeriana también son hierbas muy relajantes; la manzanilla puede calmar al sistema nervioso central, así como la valeriana, que igualmente es relajante muscular.

Sándwich para cerrar los ojos Si prefiere un bocadillo salado, este es estupendo para ayudarle a dormir bien toda la noche.

1 PORCIÓN

½ aguacate maduro
½ limón, el jugo
½ *english muffin* integral
3 rebanadas de pechuga
   de pavo cocida
1 tallito de eneldo fresco
   (opcional)
sal marina de grano y pimienta
   negra

Con una cuchara saque la pulpa del aguacate y póngala en un tazón; agregue el jugo de limón y salpimiente. Machaque con un tenedor para darle una consistencia como de guacamole.

Tueste la mitad del *english muffin*. Coloque el puré de aguacate en el *muffin* tostado y cubra con rebanadas de pavo y unas hojas de eneldo fresco, si gusta.

COMBINACIÓN INGENIOSA: El pavo no solo es una fuente de proteína magra; también es una de las fuentes más ricas del aminoácido triptófano, que se convierte en el neurotransmisor serotonina. Uno de los papeles más importantes de la serotonina es la regulación de los patrones de sueño, pues se puede transformar en otro neurotransmisor llamado melatonina, que induce el sueño. El triptófano necesita comerse con un carbohidrato complejo para que suba sutilmente la insulina que catapultará al triptófano al cerebro, así que el *muffin* integral le ayudará.

Bagel de plátano y cacahuate

Un bocadillo súper sencillo para antes de ir a la cama; está hecho de plátanos, ricos en triptófano: una forma rápida, fácil y efectiva de luchar contra la sensación de hambre que no lo mantendrá despierto toda la noche.

1 PORCIÓN

1 plátano muy maduro
½ *bagel* integral
1 cucharada de crema de
    cacahuate natural crujiente

Pele el plátano y macháquelo bien en un tazón. Tueste el *bagel*.

Unte la crema de cacahuate en el *bagel* y cubra con el plátano machacado.

INGREDIENTE ESTRELLA: La crema de cacahuate contiene magnesio, un mineral que puede ayudar a relajar los músculos y funciona como un relajante suave para el sistema nervioso central.

Humus mediterráneo de melatonina

El humus es mi kriptonita y es un increíble bocadillo para antes de dormir. Prepárelo al por mayor y guárdelo en el refrigerador para esos antojos nocturnos.

1 PORCIÓN

1 lata de 400 gr de garbanzos, escurridos
½ limón amarillo, el jugo
4 cucharadas de aceite de oliva
1 diente de ajo, machacado
1 manojo de albahaca fresca, las hojas troceadas
sal de grano y pimienta negra

Licue todos los ingredientes en una licuadora o procesador de alimentos hasta obtener un *dip* espeso y apetitoso, salpimiente. Sirva con pan, galletas, tostaditas de avena o trocitos de apio.

COMBINACIÓN INGENIOSA: Los garbanzos son ricos en vitamina B6, que es importante para la producción de melatonina, la hormona del sueño. Junto con la albahaca, que se ha utilizado durante siglos en la medicina occidental como un sedante ligero, crean el bocadillo perfecto para fomentar el sueño.

La farmacia en nuestra comida

Los alimentos que consumimos son mucho más que un simple combustible, tienen un efecto directo sobre el terreno bioquímico del cuerpo. Cada reacción química en las células de cada tejido de los sistemas biológicos utiliza nutrientes de una manera o de otra. La ingesta de nutrientes va más allá de las reconocidas enfermedades que surgen de sus deficiencias, como pueden ser el escorbuto o la pelagra. Pueden tener un impacto directo sobre nuestra susceptibilidad a la enfermedad, nuestra habilidad para luchar contra ella y recuperarnos. Debido al grado en que pueden afectar nuestra fisiología, los nutrientes son básicamente agentes farmacéuticos.

Pero ahí no termina la historia. Los nutrientes —esos componentes que tienen nuestros alimentos, esenciales para el funcionamiento normal— solo son parte de la película. Hay muchos otros compuestos en la comida que no son nutrientes en sí (pues no son esenciales para las funciones normales), pero pueden tener consecuencias directas en nuestra fisiología. Muchos pueden incluso tener un efecto farmacológico. Estos componentes son los fitoquímicos, que se encuentran en las plantas durante su crecimiento y metabolismo normal. Hay miles de estos compuestos, pero algunos destacan como posibles héroes en el mejoramiento de la salud.

Esta sección le ofrece una introducción a lo que hay en su comida y cómo puede afectarle. Es un panorama de lo que hacen las distintas vitaminas, minerales, grasas y fitoquímicos, y cuáles comidas son las más ricas en ellos. La lista de fuentes de nutrientes está lejos de ser exhaustiva; solo les muestro los mejores. Quiero poner sobre la mesa la increíble y extensa gama de compuestos que hay en los alimentos de todos los días. ¡Espero que pueda notar el beneficio de elegir lo saludable día a día!

VITAMINAS

VITAMINA A

La vitamina A viene en dos formas principales: el retinol y los carotenoides (o carotenos). Este nutriente soluble en grasa se encuentra en ambas formas en una gran variedad de alimentos. El retinol está en los productos animales como la carne y los lácteos; mientras que los carotenoides son los pigmentos de color que se encuentran en las plantas y tienden a estar detrás de los colores rojo, amarillo y naranja vívido como el de la zanahoria y el camote (batata). Es uno de los nutrientes cruciales en nuestra dieta y apoya aspectos importantes en el metabolismo del cuerpo.

PARA QUÉ SE NECESITA
Protección antioxidante
Visión
Función inmunológica
Fabricación de genes
Piel sana
Reproducción y ciclo menstrual

DÓNDE ENCONTRARLA
Retinol: mantequilla, hígado, leche entera
Carotenoides: Zanahorias, verduras de hoja verde,
        mangos, pimientos rojos, camote (batata).

VITAMINA B1 (TIAMINA)

La tiamina se descubrió por primera vez a finales de 1800, cuando los marineros en Asia consumían una dieta básica de arroz blanco y empezaron a mostrar señales de una enfermedad asociada con la deficiencia de B1: el beriberi. Al sustituir parte del arroz blanco con arroz integral, carne y verduras, desaparecieron los síntomas. Estos síntomas, de bajos niveles de B1, incluyen fatiga mental y confusión; el beriberi severo consiste en episodios agudos de esto, aunados al desgaste muscular. La tiamina es una vitamina B que se elimina fácilmente del cuerpo, y los alimentos procesados casi no la tienen; por ello, es un nutriente que en general le falta a mucha gente.

PARA QUÉ SE NECESITA
Metabolización de carbohidratos
Producción de energía
Actividad neuronal

DÓNDE ENCONTRARLA
Semillas
Frijol de soya
Granos enteros

VITAMINA B2 (RIBOFLAVINA)

La riboflavina forma parte de un pigmento amarillento en los alimentos, y es responsable de ese delatador color fluorescente en la orina cuando tomamos multivitamínicos y suplementos del complejo B. La vitamina B2 es muy importante para ayudar a convertir la glucosa en energía dentro de nuestras células.

PARA QUÉ SE NECESITA
Metabolización de carbohidratos
Protección celular y potenciar las defensas naturales
        de las células (aumenta el glutatión, enzima que
        descompone y elimina los productos de desecho de
        las células)
Producción de energía

DÓNDE ENCONTRARLA
Almendras
Hígado
Hongos
Granos enteros

VITAMINA B3 (NIACINA)

La niacina es una vitamina B que algunas personas no consideran esencial, ya que nuestro cuerpo la fabrica por sí solo. Además ayuda con padecimientos cada vez más frecuentes como el colesterol alto y la diabetes; creo que en nuestra dieta hay una mayor necesidad de ella, debido a que es improbable que el cuerpo cumpla con la tarea de cubrir las necesidades diarias. Es la creadora de varias enzimas y coenzimas encargadas de algunas de las actividades metabólicas celulares más importantes del cuerpo. En el siglo XVIII, se descubrió que la deficiencia de niacina era la causa de la terrible enfermedad pelagra.

PARA QUÉ SE NECESITA
Regulación del azúcar en sangre
Reducción del colesterol
Procesos de desintoxicación
Producción de energía

DÓNDE ENCONTRARLA
Almendras
Arroz integral
Cacahuates
Piñones
Levadura

VITAMINA B5 (ÁCIDO PANTOTÉNICO)

El ácido pantoténico es vital para el metabolismo celular y la producción de energía a partir de la glucosa. Ayuda a producir una sustancia llamada coenzima A, un componente clave en las células para convertir la glucosa en ATP (adenosín trifosfato), que impulsa a nuestras células. Es uno de los nutrientes con mayor presencia, así que es improbable una deficiencia de este.

PARA QUÉ SE NECESITA
Producción de energía celular
Reducción del colesterol
Regulación y producción de las hormonas adrenales
Utilización de grasa de la dieta

DÓNDE ENCONTRARLA
Brócoli
Pescado
Vísceras
Pollo
Camote (batata)

VITAMINA B6 (PIRIDOXINA)

Es vital para producir y mantener los compuestos estructurales y proteínas. Regula la producción de compuestos relacionados con el tratamiento de la respuesta inflamatoria; así como la inmunidad y función de los glóbulos rojos. Su deficiencia puede causar depresión, fatiga y síntomas parecidos a los de la anemia. Es muy importante para la salud cardiovascular, ya que ayuda a regular la presión arterial al equilibrar el sodio y el potasio. También reduce los niveles de homocisteína, causa de problemas cardiovasculares.

PARA QUÉ SE NECESITA
Tratamiento del asma
Control del azúcar en sangre y tratamiento
        de la diabetes
Salud cardiovascular
Producción de energía
Sistema nervioso saludable
Estado de ánimo y mental
Regulación de la inmunidad

DÓNDE ENCONTRARLA
Plátanos
Frijoles y legumbres
Arroz integral
Coles de Bruselas

VITAMINA B12 (COBALAMINA)

La vitamina B12 es muy famosa y los vegetarianos la conocen mucho, pues se les dificulta obtenerla en su dieta. Para los veganos los suplementos son la única opción. Muchos declaran que ciertos alimentos vegetales contienen B12 utilizable, pero es difícil absorberla. La gente mayor también tiene dificultades con esta, ya que su absorción depende de algo llamado el factor intrínseco, que requiere del ácido gástrico para producirse. Como la gente mayor tiene niveles menores de este ácido estomacal, disminuyen los niveles de factor intrínseco. La deficiencia puede causar fatiga, anemia perniciosa y problemas del sistema nervioso. Se almacena en el hígado y pueden pasar hasta seis años antes de que se agote y existan señales de deficiencia.

PARA QUÉ SE NECESITA
Salud cardiovascular
Función de las neuronas
Producción y desarrollo de glóbulos rojos

DÓNDE ENCONTRARLA
Queso
Huevos
Pescado
Vísceras

BIOTINA

La biotina es vital para el metabolismo celular. Ayuda a producir ácidos grasos y es importante para la gluconeogénesis, el proceso de creación de glucosa/ATP a partir de fuentes alternas a la glucosa. Cuando hay poca glucosa el cuerpo la produce por medio de ácidos grasos y aminoácidos. Una ligera deficiencia puede tener efectos desagradables, como problemas de la piel y pérdida del cabello. Además de obtenerla de la comida, las bacterias de nuestro tracto digestivo pueden fabricarla.

PARA QUÉ SE NECESITA
Crecimiento celular
Metabolización de macronutrientes (como grasas,
        azúcares y aminoácidos)
Funcionamiento de la glándula sebácea

DÓNDE ENCONTRARLA
Frijoles
Coliflor
Huevos (en especial la yema)
Hígado

COLINA

La colina es una de las vitaminas menos conocidas del grupo B, pero es de vital importancia para el cerebro y el sistema nervioso. Es un nutriente que se puede sintetizar en el cuerpo, pero gracias a su gran capacidad para metabolizar las grasas y para las funciones mentales, se ha clasificado como esencial. Es un componente decisivo para el mantenimiento de la estructura de las membranas celulares, en particular las neuronas, y para la regulación en la comunicación a través de las membranas celulares.

PARA QUÉ SE NECESITA

Metabolización de grasa
Función hepática
Memoria
Estabilidad del ánimo

DÓNDE ENCONTRARLA

Frijoles
Coliflor
Huevos (en especial la yema)
Hígado

ÁCIDO FÓLICO

El ácido fólico es sin duda una de las vitaminas B mejor conocidas, y ha sido el centro de muchos titulares, debates y campañas de salud pública. Se conoce mejor por su papel en el desarrollo del tubo neural del feto en formación, y su deficiencia puede causar la espina bífida, pero su papel va más allá de eso. Es un nutriente vital para la fabricación y reparación del ADN.

PARA QUÉ SE NECESITA

Salud cardiovascular
Crecimiento y división celular
Síntesis del ADN
Reducción de la homocisteína
Estabilidad del ánimo y depresión

DÓNDE ENCONTRARLO

Espárragos
Frijoles
Brócoli
Verduras de hojas verdes
Camote (batata)

VITAMINA C

La vitamina C es el suplemento nutricional de mayor venta en el mundo, y ha ocupado el centro de muchos debates y mucha investigación en Europa y Estados Unidos. Es increíble cómo un solo nutriente puede conseguir tantos fanáticos que lo promueven como panacea universal. Sin embargo, es una de las vitaminas más importantes para la nutrición humana, y es mucho más que un mero tratamiento potencial para el resfriado invernal. Salió por primera vez a la luz cuando los marineros caían víctimas del escorbuto mientras hacían largos viajes con pocas opciones alimentarias en las bodegas de sus naves. Solo se relacionaron estas cosas cuando, a fines del siglo XVIII, gente como el capitán Cook y su tripulación se liberaron del escorbuto en viajes donde llevaban muchos limones y moras. La marina británica empezó a cargar limones en todas sus naves (de ahí el apodo *limeys*). Se sugirieron muchas razones por las que los limones y la fruta mantenían al escorbuto a raya, pero pronto se descubrió que el santo remedio era la vitamina C.

Con los años se han declarado muchas cosas sobre la vitamina C, ya sea que provenga de alimentos o suplementos. Algunas son bastante sensatas y lógicas, mientras que otras de plano son extrañas y absurdas. Se han hecho muchos ensayos clínicos para investigar si la ingesta de vitamina C puede influir sobre cosas como el resfriado común o incluso la salud cardiovascular, pero las respuestas todavía son poco claras y el debate continúa. No obstante, parece haber cierta lógica detrás del argumento a favor de la vitamina C y la inmunidad, pues aumenta la llamada «explosión oxidativa» de los glóbulos blancos, un estallido de compuestos de los radicales libres altamente reactivos que usan a los leucocitos para destruir gérmenes patógenos.

PARA QUÉ SE NECESITA

Producción de colágeno
Apoyo al sistema inmunitario
Cicatrización

DÓNDE ENCONTRARLA

Moras
Cítricos
Pimientos
Espinaca

VITAMINA D

La prensa internacional ha hecho una cobertura constante de la vitamina D en años recientes y se entiende por qué. Ha sido el foco de muchísima investigación, y algunas de las cosas que se han revelado sobre la vitamina son impactantes, podría fácilmente escribirse un libro sobre esto. Se sabe desde hace mucho que la vitamina D juega un papel vital en la regulación del calcio, desde mantener las concentraciones de calcio sérico, hasta transportar el calcio a los huesos. Sin embargo, descubrimientos recientes demuestran que juega un papel en las funciones mentales y emocionales, en la regulación inmune e incluso en la metabolización de grasas y la protección contra algunos tipos de cáncer. La fuente principal para los humanos es la conversión de colesterol en precursores de vitamina D, cuando exponemos nuestra piel a la radiación ultravioleta del sol, ¡así que los que vivimos en climas fríos tenemos problemas! Con razón todos nos sentimos tan mal cuando desaparece el sol. Por suerte, hay unas cuantas fuentes alimentarias para obtenerla.

PARA QUÉ SE NECESITA

Apoyo al sistema inmunitario
Salud mental y emocional
Salud ósea
Regulación sistémica del calcio

DÓNDE ENCONTRARLA

Huevos
Leche (entera)
Hongos
Pescados grasos

VITAMINA E

La vitamina E es otro nutriente del que virtualmente todos han oído hablar, y que ha dominado la industria de productos de belleza desde hace décadas. Su papel principal es como antioxidante contra los radicales libres derivados de los lípidos (subproductos altamente reactivos del cuerpo, que además pueden causar grandes estragos a células y tejidos), y también para proteger las estructuras grasas del cuerpo. Se incorpora a las membranas grasas de nuestras células, donde puede ofrecer cierta protección a esas estructuras contra cierto tipo de daños. En ese contexto es especialmente importante para la salud de la piel. También funciona en paralelo con la vitamina A y la vitamina C para ofrecer protección antioxidante de amplio espectro. Asimismo, se sabe que la vitamina E tiene actividades anticoagulantes.

PARA QUÉ SE NECESITA

Función antioxidante
Salud cardiovascular
Protección de la membrana celular
Salud de la piel y cicatrización

DÓNDE ENCONTRARLA

Almendras
Aguacate
Aceite de oliva

MINERALES Y OLIGOELEMENTOS

BORO

La importancia del boro para la salud humana se debatió durante muchos, muchos años. Ahora sabemos que juega un papel importante en el mantenimiento de la salud ósea, al regular la actividad de la vitamina D y también al reducir la pérdida de calcio del cuerpo.

PARA QUÉ SE NECESITA
Salud ósea

DÓNDE ENCONTRARLO
En la mayoría de frutas y verduras

CALCIO

El calcio es uno de los minerales más discutidos; muy incomprendido y, por cierto, demasiado prescrito. No se me ocurre nadie que no piense automáticamente en huesos fuertes y sanos si les pregunta sobre el calcio, así que mucha gente lo devora en grandes cantidades con esperanza de mantener sanos sus huesos. Sin embargo, en mi opinión, el calcio es lo menos importante de todo, cuando de salud ósea se trata. Hago una analogía del calcio con los ladrillos y cemento de una construcción: sí, es el material estructural con que se construye el esqueleto, pero sin un equipo de constructores (en este caso, nutrientes auxiliares como la vitamina D, magnesio, boro, etcétera), no se construirá nada. Su importancia se ha exagerado con los años. El otro gran mito es que el calcio en la dieta llega siempre primero a través de los productos lácteos. Cierto, son fuentes estupendas, pero no todo el mundo quiere o puede consumirlos. Hay también muchas fuentes vegetales ricas en calcio.

PARA QUÉ SE NECESITA
Comunicación celular
Contracción muscular
Fortalecimiento de los huesos

DÓNDE ENCONTRARLO
Col
Nuez de la India
Productos lácteos
Col rizada (kale)
Semillas de ajonjolí

CROMO

Este oligoelemento ha hecho mucho ruido nutricional en los últimos años, en particular en la industria de productos naturales. Sospecho que esto se debe en especial a su función principal, la cual percibimos como relevante para la vida moderna y la variedad de problemas de salud nutricional que presenta: el papel principal del cromo es formar el Factor de Tolerancia de Glucosa, que ayuda con el control del azúcar en sangre y la regulación de la actividad de la glucosa. Uno de los mayores problemas relacionados con la dieta occidental moderna es algo llamado *síndrome metabólico*, que incluye hipertensión, colesterol alto, aumento de peso abdominal y fatiga crónica. Esto ocurre por una falta de respuesta del cuerpo a la hormona insulina. Más cromo en la dieta podría ayudar con la resistencia a la insulina, aunque los resultados de los estudios han sido contradictorios. Lo que sí sabemos de cierto es el papel fisiológico que juega el cromo, así que siempre es una buena idea incluirlo en la dieta.

PARA QUÉ SE NECESITA
Control del azúcar en sangre
Regulación de la insulina

DÓNDE ENCONTRARLO
Carnes
Granos integrales

COBRE

A menudo se pasa por alto, pero este oligoelemento participa en algunas reacciones químicas fundamentales del cuerpo y se encuentra en altas concentraciones en el hígado y el cerebro. Es importante para la absorción del hierro y la salud ósea.

PARA QUÉ SE NECESITA
Huesos y dientes sanos
Salud de la piel

DÓNDE ENCONTRARLO
Frijoles
Ostiones
Camarones

MAGNESIO

El magnesio ha sido el centro de atención de muchas investigaciones en años recientes, y se considera un nutriente vital para la salud de prácticamente cada sistema biológico. Esto no es sorprendente, ya que es el segundo mineral más concentrado en el cuerpo y participa en más de 1,000 reacciones enzimáticas. Esencial para la salud ósea, relajación muscular, salud cardiovascular y salud neurológica. Muchas veces existe deficiencia de este nutriente y no debe ser pasado por alto, esto tiene que ver con el consumo de alimentos verdes. La clorofila de las plantas tiene básicamente la misma estructura que la hemoglobina (la proteína de los glóbulos rojos que transporta el oxígeno que se absorbe en nuestros tejidos) en los humanos. La hemoglobina contiene cuatro unidades de hierro, mientras que la clorofila tiene cuatro unidades de magnesio. Entonces, cuanto más verde la planta, mayor será el magnesio.

PARA QUÉ SE NECESITA
Reducción de la presión arterial
Comunicación celular
Producción de energía
Síntesis de la proteína
Relajación muscular

DÓNDE ENCONTRARLO
Frijoles
Vegetales verdes
Tofu
Granos integrales

POTASIO

El potasio es uno de los principales electrolitos (minerales con carga eléctrica que participan en la comunicación celular y control de los fluidos) del cuerpo, y es importante para regular muchas respuestas celulares. Participa en la regulación de la presión sanguínea, funciones neurológicas y cardiacas, por nombrar solo unos cuantos de sus papeles vitales. El potasio funciona junto con el sodio y el cloruro, y uno de tantos problemas de la dieta occidental moderna es que tendemos a consumir mucho más sodio que potasio. Esto puede ocasionar retención de líquidos y el endurecimiento de los vasos sanguíneos, lo que a su vez lleva a un aumento de presión sanguínea y un riesgo mayor de daño a las paredes de los vasos. Más potasio que sodio en general tiene el efecto contrario. El escenario ideal es un equilibrio de ambos.

PARA QUÉ SE NECESITA
Regulación de la presión sanguínea
Comunicación celular
Función de las neuronas

DÓNDE ENCONTRARLO
Plátanos
Zanahorias
Naranjas

ZINC

Para mí, el zinc es uno de los nutrientes más importantes de todos. Se encuentra en cada célula del cuerpo y participa en más procesos bioquímicos que cualquier otro mineral; como la producción de enzimas que descomponen y retiran compuestos potencialmente dañinos de nuestras células y también remueven materiales de desecho. Regula el gusto, el olfato y hormonas sexuales como la testosterona. Muchos ensayos clínicos han mostrado que el zinc es el nutriente que definitivamente ayuda a prevenir y tratar el resfriado común. Los leucocitos lo utilizan para codificar genes específicos, incluidos los que controlan la manera en que las células responden a ciertos estímulos y patógenos. El zinc también está en la cima de mi lista para el tratamiento del acné, porque regula las glándulas sebáceas (que secretan grasa) en la piel, y su acción sobre los glóbulos blancos ayuda a limpiar la infección.

PARA QUÉ SE NECESITA
Acné
Eczema
Regulación hormonal
Apoyo al sistema inmunitario
Crecimiento celular normal
Piel grasa

DÓNDE ENCONTRARLO
Frijoles
Carnes
Nueces
Pescados grasos
Camarones
Semillas de calabaza

GRASAS Y ÁCIDOS GRASOS

OMEGA 3

Los ácidos grasos omega 3 son un grupo de grasas esenciales buenas, con un amplio rango de beneficios para la salud. Hay tres formas de omega 3: EPA, DHA y ALA. El EPA es un poderoso mediador antiinflamatorio natural; el DHA es más como un ácido graso estructural y vital para la producción y mantenimiento de la capa de mielina, la membrana grasa exterior de las neuronas; el ALA es la forma vegetal del omega 3 y, de ningún modo, tan activo metabólicamente como el EPA y el DHA, así que necesita ser convertido en estos. Los humanos no son buenos para hacerlo, por lo que es mejor obtener el omega 3 del pescado. Los suplementos de omega 3 varían y siempre vale la pena conseguir uno con los más altos niveles de EPA que pueda encontrar.

EPA

Este ácido graso omega 3 se considera el Rolls Royce de los mediadores antiinflamatorios naturales. Básicamente es el componente metabólico esencial de los químicos antiinflamatorios inherentes al cuerpo mismo, un grupo de compuestos muy poderosos llamados prostaglandinas. Algunas prostaglandinas activan la inflamación y fomentan la señalización del dolor y las contracciones musculares (piense en los cólicos menstruales o digestivos), mientras que las otras reducen la inflamación y la señalización de dolor. Requieren de ácidos grasos para su fabricación, y diferentes ácidos grasos ofrecerán un producto final diverso, una clase distinta de prostaglandinas. El EPA ayuda al cuerpo a fabricar una clase de prostaglandinas conocida como la serie 3 o PGE3, potentes antiinflamatorios. Al aumentar nuestra ingesta de EPA, alentamos muchísimo al cuerpo a producir PGE3, ayudando así a manejar los episodios inflamatorios dentro del cuerpo. Esto hace que el omega 3 sea de vital consideración para cuestiones como el acné y el eczema, donde el EPA puede reducir el enrojecimiento; también la artritis, el dolor, la rigidez y las enfermedades cardiacas, donde el EPA puede reducir el daño inflamatorio de los vasos sanguíneos que pueden conducir a ateromas (bloqueo de las arterias). También ayuda a aumentar el colesterol bueno (HDL) y reducir el colesterol malo (LDL).

PARA QUÉ SE NECESITA
Acné y eczema
Artritis
Enfermedades cardiacas

DÓNDE ENCONTRARLO
Nueces de Brasil
Caballa (macarela)
Salmón
Semillas de girasol

DHA

El DHA es básicamente un ácido graso estructural. Es una de las grasas dietéticas más importantes para el mantenimiento de la capa de mielina, sustancia grasa que rodea a las neuronas, que son vitales para la señalización nerviosa correcta; también es un componente estructural importante de la piel y los ojos. El DHA es uno de los nutrientes primordiales que una madre debe tomar durante el embarazo y la lactancia, ya que juega un papel crucial en el desarrollo cerebral y neurológico del recién nacido. Algunos estudios han mostrado que la ingesta de DHA podría tener relevancia potencial tanto para la prevención como el mantenimiento de ciertos trastornos del cerebro y sistema nervioso. Hay cierta evidencia que sugiere que las ingestas altas de DHA se asocian con un menor riesgo de enfermedades de Alzheimer y de Parkinson. La evidencia también indica que la ingesta de DHA podría reducir la depresión en pacientes con Parkinson, y algunos estudios han demostrado que puede influir positivamente en la formación de plaquetas en la enfermedad de Alzheimer, aunque otros ensayos no encontraron ningún efecto.

EL DHA no tiene la potente actividad antiinflamatoria del EPA, pero se ha descubierto una nueva clase de compuestos llamados resolvinas, que son metabolitos del EPA y DHA (los metabolitos son sustancias producidas por el metabolismo). Estos compuestos pueden hasta causar un revés local de los eventos inflamatorios, y así podrían ayudar a resolver el problema.

PARA QUÉ SE NECESITA
Estructura y mantenimiento de las membranas celulares
Reducción de la inflamación que ya está activa

DÓNDE ENCONTRARLO
Algas
Mariscos y pescados grasos

ALA

El ALA es la forma de omega 3 derivada de las plantas, se encuentra en alimentos como las semillas de linaza y las nueces de Castilla. Aunque hay algunos beneficios de salud relacionados con el ALA, en realidad es el primo pobre del EPA y el DHA, porque necesitamos convertirlo primero en EPA y DHA a través de procesos enzimáticos. Algunos animales, como el salmón, son fabulosos para hacer esto; los humanos somos pésimos para hacerlo. Logramos convertir un diminuto porcentaje de ALA de nuestra alimentación en EPA y DHA, quizá 12%, si acaso. Mucha gente le dirá que muchas de las propiedades asociadas con el EPA y DHA (como la actividad antiinflamatoria, efectos sobre el ánimo y funciones neurológicas) pueden obtenerse del ALA. Este no es el caso y hay volúmenes de datos que lo respaldan. Simplemente no lo convertimos de manera eficaz. Para obtener esos efectos, necesitará EPA y DHA, y estos vienen de fuentes dietéticas como pescado graso y mariscos. Dicho eso, hay algunos vínculos definitivos entre la ingesta de ALA y una mejor salud cardiovascular.

PARA QUÉ SE NECESITA

En teoría, para los mismos problemas que el EPA, pero su acción es mucho, mucho más débil, ya que se convierte muchísimo menos.

DÓNDE ENCONTRARLO

Aceite y semillas de linaza
Nuez de Castilla
Aceite de canola

OMEGA 6

Los ácidos grasos omega 6 se consideraron «esenciales» debido a algunas investigaciones con animales; sin embargo, la metodología fue fallida, pues tenía que ver con alimentar a ratas con una dieta deficiente en omega 6, pero las grasas que quitaron contenían omega 3, generando deficiencia de este. Así que, ahora se cuestionan las conclusiones del experimento sobre el omega 6. Los ácidos grasos omega 6 sin duda son muy activos metabólicamente, muchos de sus subproductos metabólicos participan en estados patológicos e incluso son blancos para los medicamentos farmacéuticos. También se metabolizan para formar un ácido graso llamado ácido araquidónico, que puede convertirse en una molécula de comunicación llamada prostaglandina serie-2 (PGE2), que estimula y exacerba la inflamación.

Muchas de las medicinas antiinflamatorias recetadas para la artritis, bloquean la enzima que convierte al ácido araquidónico en PGE2. Los ácidos grasos omega 6 compiten con los ácidos grasos omega 3 por las enzimas, lo que afecta la formación de subproductos metabólicos positivos del omega 3. Sin embargo, un ácido graso omega 6, el GLA, reduce ligeramente la inflamación y protección en las membranas celulares, pero la cantidad necesaria es menor comparada con la del omega 3.

DÓNDE ENCONTRARLO

Nueces
Semillas
Aceites vegetales

TCM (TRIGLICÉRIDOS DE CADENA MEDIA)

Los TCM son otra clase de grasa dietética interesante. Tienen un tamaño muy específico comparados con otras grasas dietéticas, lo que significa que se absorben y aprovechan rápidamente. Son una fuente de energía fácil de utilizar para el cuerpo (a menudo se incluyen en fórmulas infantiles y alimentación hospitalaria). Como resultado, es menos probable que se almacenen, y sin duda no se quedan el tiempo suficiente como para causar problemas en el sistema cardiovascular. Hay muchas declaraciones de que los TCM pueden hacer que el cuerpo queme grasa. Tengo mis dudas, pues eso dependerá mucho de la composición de la dieta de la persona. Sin embargo, se utiliza para la energía, así que si la usa en su cocina, quemará más de lo que almacena. Entonces, desde ese punto de vista, es una buena opción para quienes cuidan su cintura.

Algunos TCM tienen actividad antiviral. El más popular es un TCM llamado ácido caprílico. Algunos estudios han demostrado que tiene esa acción porque se enlaza a una estructura en la superficie exterior de los virus, la envoltura de lípido-proteína. Este es el mecanismo que utilizan los virus para entrar a las células e instigar la infección. Lo que no queda claro es si el ácido caprílico dará los mismos beneficios al ingerirse oralmente, ya que los ensayos de todos estos estudios fueron in vitro.

PARA QUÉ SE NECESITA

Salud cardiaca
Estímulo energético

DÓNDE ENCONTRARLO

Aceite de coco

FITONUTRIENTES

CAROTENOIDES

Son un grupo de fitoquímicos distribuidos ampliamente, en particular en los pigmentos de color en las plantas. En el cuerpo los carotenoides proporcionan actividad antioxidante. Son compuestos solubles en grasa, así que pueden acumularse en tejidos grasos como la capa subcutánea de la piel. Lo hacen tan rápido que la gente que ingiere comida rica en carotenoides, puede desarrollar un tono naranja en la piel, llamado hipercarotinemia. Pero aquí hay un gran beneficio, cuando estos compuestos se acumulan en la piel, pueden ofrecer protección localizada a las estructuras cercanas, como al colágeno y a las fibras de elastina y la unidad pilosebácea (esta es el área que se inflama cuando se forma un granito). En esencia, puede tener un efecto antienvejecimiento.

Los carotenoides también tienen una actividad antiinflamatoria. Cuando se acumulan en tejidos como la piel, proporcionan una actividad antiinflamatoria localizada. Esto es estupendo para problemas como el eczema, acné y psoriasis, pues todas producen enrojecimiento e inflamación. También son útiles para problemas inflamatorios en el tracto digestivo.

Los carotenoides tienen además la reputación de ser benéficos para la salud ocular y de próstata. La luteína, un carotenoide color amarillo, puede acumularse en la mácula densa del ojo, donde ofrece cierta protección contra la degeneración macular. Se cree que el carotenoide licopeno, que se encuentra en los jitomates, ofrece protección contra problemas de próstata como la hiperplasia prostática e incluso el cáncer de próstata. Aunque hay debate al respecto, los datos epidemiológicos ciertamente arrojan una asociación entre la ingesta de jitomate y una reducción del riesgo de cáncer de próstata. Sin embargo, quedan por confirmarse las relaciones directas de causa y efecto.

PARA QUÉ SE NECESITAN
Acné
Eczema
Psoriasis
Reducción del envejecimiento de la piel
Salud de la piel

DÓNDE ENCONTRARLOS
Zanahorias
Mangos
Melones
Pimientos
Espinaca
Jitomates

FLAVONOIDES

Hay más de 6,000 químicos vegetales en la familia de los flavonoides, lo que los hace una de las sustancias más presentes en nuestra dieta. Los flavonoides mejor conocidos son: antocianinas, flavanoles, flavonoles, flavanonas, flavonas e isoflavonas. Son los responsables de los pigmentos de color en las plantas, sobre todo en los tonos rojo, amarillo y naranja. Son un poderoso grupo de compuestos ampliamente estudiado, con una serie de beneficios para la salud. Es probable que el mejor ejemplo de su actividad protectora esté en la salud cardiovascular. Se sabe que protegen de daños a los vasos sanguíneos, disminuyen la oxidación del colesterol, bajan la presión sanguínea y reducen los factores de coagulación. También proporcionan funciones antioxidantes y antiinflamatorias.

Muchos flavonoides tienen un amplio abanico de funciones protectoras contra algunas afecciones serias de salud. Se sabe que influyen en varias secuencias de señalización celular. Esto se ha sugerido como una de las maneras en que los flavonoides pueden mejorar la función cognitiva, e incluso ofrecer cierta protección contra algunas formas de cáncer.

Los flavonoides también estimulan la actividad de las enzimas en las células que son las responsables de nuestro mantenimiento general. Descomponen y eliminan ciertas toxinas y residuos metabólicos, manteniendo las células sanas.

PARA QUÉ SE NECESITAN
Salud cardiaca
Función cognitiva
Reducción del colesterol
Reducción de la presión arterial
Antiinflamatorio

DÓNDE ENCONTRARLOS
Antocianinas: moras azules, uvas rojas, vino tinto
Flavanoles: manzanas, chocolate, té verde
Flavanonas: cítricos
Flavonoles: moras, col rizada (*kale*), cebollas
Flavonas: apio, perejil, tomillo
Isoflavonas: semillas, productos de soya
General: col, té verde, frambuesas, cebolla morada, pimiento rojo, vino tinto, fresas

GLUCOSINOLATOS

Los glucosinolatos son compuestos que por lo general se encuentran en verduras de la familia *Brassica* (como col, brócoli y col rizada o *kale*), y se están perfilando como puntos de interés para muchas investigaciones. Están hechos de glucosa y aminoácidos, y son responsables del sabor amargo en algunos alimentos como las coles de Bruselas. Investigaciones recientes revelan que los glucosinolatos pueden causar una poderosa estimulación de las enzimas fase 2. Estas son las enzimas de las células que pueden descomponer los residuos metabólicos, y también desarmar a los carcinógenos en potencia. Además, hay evidencia que sugiere que pueden inducir la apoptosis (muerte celular programada) de las células tumorales.

PARA QUÉ SE NECESITAN
Salud celular y bienestar

DÓNDE ENCONTRARLOS
Brócoli
Coles de Bruselas
Coliflor
Col rizada (*kale*)

POLISACÁRIDOS

Los polisacáridos son básicamente un tipo de azúcar. No azúcares simples, como la glucosa o la fructuosa, que se absorben rápidamente y se utilizan para la energía; estos son azúcares de gran tamaño y elevado peso molecular, que a menudo no se absorben por completo, o solo se descomponen parcialmente. A pesar de que no se absorben, algunos de estos azúcares pueden proporcionar a la salud ciertos beneficios importantes.

El efecto que se ha investigado ampliamente, y en mi opinión el más emocionante, es el que tiene sobre la salud inmunitaria. Más de 40 años de investigaciones clínicas en Japón y Estados Unidos han demostrado que los polisacáridos derivados de hongos como el *shiitake* y el *maitake* pueden aumentar de manera notoria el recuento de leucocitos o glóbulos blancos. Antes se pensaba que los polisacáridos de los hongos se digerían y absorbían, y que podían afectar directamente a los tejidos involucrados en la producción de glóbulos blancos. Sin embargo, una vez que se observó que estos polisacáridos salen íntegros del cuerpo, se descubrió su acción verdadera. Proporcionan sus efectos al interactuar con áreas de tejido en las paredes del tracto digestivo llamadas placas de Peyer, las cuales son como estaciones de vigilancia inmunitaria que constantemente monitorean los contenidos del intestino y devuelven información al sistema inmunitario.

Si lo piensa, el tracto digestivo es una entrada fácil para los agentes que podrían causar enfermedades, así que estos tejidos necesitan ser altamente precisos y especializados. Hay centenares de células en estas placas, que básicamente se comunican con el resto del sistema inmunitario, diciéndole lo que está pasando y alertándole de ataques. Estas células pueden identificar distintos tipos de patógenos o desafiar y activar la respuesta inmunológica relevante. Cuando los polisacáridos de los hongos entran en contacto con estas placas de tejido, se desata una lucha; las células en las estaciones de vigilancia levantan una señal de alarma importantísima y una cascada química hace que el cuerpo comience a producir más glóbulos blancos. ¿Qué ocasiona esto? Recientemente descubrimos que los polisacáridos de los hongos son muy similares en estructura a los azúcares que se encuentran afuera de las células bacterianas, así que el cuerpo cree que está sufriendo un ataque importante e inicia su modo de defensa. Es evidente cómo esto resultaría benéfico durante los momentos de infección. Los leucocitos son los soldados de nuestro sistema inmunitario, así que aumentar su cantidad temporalmente nos puede ayudar a combatir la infección con más rapidez.

La segunda área de interés principal en términos de los polisacáridos y la salud, es la salud cardiovascular. Se ha comprobado clínicamente que ciertos tipos de polisacáridos que se encuentran en alimentos como la avena, bajan el colesterol. Esto es porque cuando están en el tracto digestivo forman una textura gelatinosa que puede ayudar a unirse al colesterol y eliminarlo a través de los intestinos antes de que se absorba.

PARA QUÉ SE NECESITAN
Salud cardiovascular
Combatir infecciones
Salud inmunitaria

DÓNDE ENCONTRARLOS
Hongos *maitake*
Avena
Setas (hongos ostra)
Hongos *shiitake*

LISTA DE RECETAS POR SISTEMA BIOLÓGICO

ARTICULACIONES Y HUESOS

SISTEMA RESPIRATORIO

SISTEMA INMUNITARIO

SISTEMA METABÓLICO

SALUD MENTAL Y SISTEMA NERVIOSO

CORAZÓN Y CIRCULACIÓN

SISTEMA DIGESTIVO

U

SISTEMA URINARIO Y REPRODUCTIVO

ÍNDICE

Tengo que dar mi mayor agradecimiento a cientos de personas que se han puesto en contacto conmigo desde que se publicó *El chef medicinal* en 2012. Sus historias de éxito y su apoyo me motivaron y conmovieron hasta otro nivel. Gracias a Clare Hulton y Jenny Liddle, las dos genios en los controles; a todo el equipo de Quadrille por hacer que estos libros quedaran tan estupendos y por llevar mi mensaje a todas partes de la manera en que debe verse y escucharse. Tanya Murkett: gracias por tu inspiración y sonrisas de todos los días, y también a Mamá y Papá, Ramsay y Candy.

Directora editorial: Anne Furniss
Directora creativa: Helen Lewis
Editora de proyecto: Laura Gladwin
Arte y diseño: Smith & Gilmour
Fotógrafo: Martin Poole
Estilista de alimentos: Aya Nishimura
Utilería: Polly Webb-Wilson
Producción: James Finan

Título original: *Healthy Every Day*
Traducción: Sonia Verjovsky y Ana Martínez Casas
Corrección técnica: Lole de la Torre Bouvet
Formación: Creativos SA

Publicado originalmente por Quadrille Publishing Limited
Primera edición: 2014

Primera edición en español: enero 2015
ISBN: 978-607-07-2356-8

Impreso y encuadernado en China por 1010 Printing